조선 선비의 비건 레시피
## 전통 채식 밥상

서유구의 《임원경제지 · 정조지》에서 뽑은 채식 요리
**조선 선비의 비건 레시피 전통 채식 밥상**

2021년 11월 25일 개정판 1쇄 발행. 2022년 6월 10일 개정판 2쇄 발행. 풍석 서유구가 짓고, 문성희가 복원 및 해설을, 임원경제연구소(정정기)가 번역 및 해설을 하였습니다. 사진은 김승범이 찍었습니다. 도서출판 샨티에서 박정은이 펴내며, 편집은 이홍용이, 표지 및 본문 디자인은 김경아가 하였으며, 이강혜가 마케팅을 합니다. 인쇄 및 제본은 상지사에서 하였습니다. 출판사 등록일 및 등록번호는 2003. 2. 11. 제2017-000092호이고, 주소는 서울시 은평구 은평로 3길 34-2, 전화는 (02) 3143-6360, 팩스는 (02) 6455-6367, 이메일은 shantibooks@naver.com입니다. 이 책의 ISBN은 979-11-88244-83-6 13590이고, 정가는 24,000원입니다.

밥상·죽상·떡과 과자·음료·뷔페상·코스상 편의 복원과 해설 ⓒ 문성희, 2021
《정조지》 번역 및 술 편의 복원과 해설 ⓒ 임원경제연구소(정정기), 2021
사진 ⓒ 김승범, 2021

이 책은 2014년 출간된 《풍석 서유구 선생의 생명 밥상》(씨앗을뿌리는사람들 刊)을 개정해서 펴낸 것입니다.

서유구의 《임원경제지·정조지》에서 뽑은 채식 요리

# 조선 선비의 비건 레시피
# 전통 채식 밥상

풍석 서유구 지음
문성희 복원 및 해설 | 임원경제연구소(정정기) 번역·복원 및 해설

【샨티】

# 차례

머리말 정정기
무엇이 풍석 선생의 밥상을 차리게 했는가? · 9

머리말 문성희
풍석 서유구 선생의 올바른 삶의 방식을 지금 여기로 가져오는 작업 · 14

기본 양념 · 18

## 소박하면서도 기품 있는 생명 밥상 · 22

### 기품과 향기가 배어 있는 보리밥상 · 26
보리밥 · 30 | 죽순구기자잎국삼취갱 · 32 | 파적총적 · 34
겨자가지지개말가지 · 36 | 다시마튀각송초전 · 38

### 면역력을 높여주는 상추밥상 · 40
상추밥 · 44 | 미나리국벽간갱 · 46 | 가지지 · 48
송이적 · 50 | 검정콩조림흑두초 · 52

### 몸을 따뜻하게 감싸주는 영양밥상 · 54
영양밥혼돈반 · 58 | 국화잎국 · 60 | 오이소박이장황과 · 62
국화잎샐러드자국묘 · 64 | 생강지짐통신병 · 66

### 영혼을 맑게 하는 연잎밥상 · 68
연잎밥 · 72 | 무김치 · 74 | 참외지참외제 · 76
호박적남과적 · 78 | 고춧잎볶음남초초 · 80

자연 그대로의 맛과 향 고구마밥상 · 82
고구마밥제반 · 86 | 고구마잎국 · 88 | 배추김치숭저 · 90
두부구이 · 92 | 홍고추소박이장만초 · 94

정갈함 속의 충만함, 보양 죽상 · 98

엄마가 그리울 때 먹는 쌀죽상 · 102
쌀죽갱미죽 · 106 | 더덕간장무침장사삼 · 108

마음과 몸을 보살피는 원기보양죽상 · 110
원기보양죽양원죽 · 114 | 구기자잎나물구기채 · 116

향으로 먼저 먹는 방풍죽상 · 118
방풍죽 · 122 | 고사리나물 · 124

위와 장을 감싸주는 마죽상 · 126
마죽산우죽 · 130 | 두릅숙회목두채 · 132

해열과 항염을 돕는 녹두죽상 · 134
녹두죽 · 138 | 탕평채 · 140

몸의 습을 조절해 주는 율무죽상 · 142
율무죽의이죽 · 146

몸과 마음을 정화시켜 주는 차조죽상 · 148
차조죽청량죽 · 152

## 멋과 맛이 어우러진 우리 간식 · 156

녹두다식홍옥병 · 160 | 약과 · 164
무떡내복병 · 168 | 생강계피떡노랄병 · 172
꿀배밀전리 · 176 | 꿀수박밀전서과 · 180

## 색과 향이 고운 발효 음료와 차 · 186

오미자갈수 · 190 | 배추장제수 · 194
계피장계장 · 198 | 수정과밀양시병 · 202
생강귤차강귤차 · 206

## 삶의 여유와 격조가 있는 전통주 · 212

부의주 · 216 | 소주 · 220
막걸리 · 224

### 뷔페상

**간결하면서도 풍성한 모임 밥상 · 230**

손님 초대 뷔페상 · 234 | 생일 뷔페상 · 236
소모임 뷔페상 · 238

### 코스상

**단아하고 품위 있는 코스상 · 242**

모심 코스상 · 246 | 조촐한 모임 코스상 · 250

《정조지》 번역문 · 254

장인과 함께 만든 전통 채식 밥상_우리 그릇과 천 · 296

일러두기

1. 밥상, 죽상, 떡과 과자, 음료, 뷔페상, 코스상 편의 해설과 에세이는 이 음식들을 복원한 문성희가 집필하고, 술 편은 이를 복원한 임원경제연구소의 정정기가 집필하였습니다.
2. 본문에 나오는 음식명의 일부는 《정조지》의 한자식 이름을 알기 쉽게 풀어 썼으며, 그 경우 원래의 명칭을 병기하였습니다.
3. 밥상은 4인 기준, 죽상은 2~3인 기준 레시피입니다. 가지지나 무김치처럼 두고 먹을 수 있는 것들은 한 번 만들기에 적당한 양을 기준으로 하였고, 떡과 과자, 음료, 술 역시 한 번 만들기에 적당한 양을 기준으로 하였습니다.

머리글
정정기

# 무엇이 풍석 선생의 밥상을 차리게 했는가?

풍석 서유구 선생은 영조 40년(1764년 11월 10일, 음력)에 태어나 헌종 11년(1845년 11월 1일, 음력)에 돌아가셨다. 정조와 순조대에 주로 활약하며, 시골 생활에 필요한 지식과 정보를 총망라한 조선 최대의 실용 백과사전 《임원경제지林園經濟志》를 저술하였다. 16개 지志에 걸쳐 농업, 어업, 축산업, 천문학, 음식, 의학, 건축, 음악, 미술, 수학, 가정의례, 경제 등을 깊이 있게 다뤘기 때문에 《임원십육지林園十六志》로도 불린다. 여덟 번째 지인 《정조지鼎俎志》는 음식 백과로 식재료와 각종 요리법 및 음식 금기, 술과 절식에 대한 정보가 상세하고 체계적으로 담겨 있다. 《정조지》 앞의 지들이 식재료들을 마련하는 내용이라면, 《정조지》는 그 재료들을 먹고 마시기 좋은 형태로 조리하는 내용을 담은 것이며, 《정조지》 뒤의 지들에서는 인간이 건강하게 살기 위해서 필요한 운동, 의료, 정서 함양, 의례, 주거, 경제 생활을 다루고 있다.

풍석 선생은 《임원경제지》 서문에서 "벼슬하지 않을 때는 힘을 써서 먹고살며 뜻을 길러야 하는데 조선에는 시골에 살면서 뜻을 기르는 데 필요한 책은 모아놓은 것이 거의 없어서 시골에서 사는 데 필요한 내용을 수집하였다"고 했다. 또한 《정조지》 서문에서는 "사람의 입맛이 지역과 시대에 따라 다르므로 채록한 내용들을 참고하여 형편에 맞게 갖춰 먹으면 된다"고 하였다. 조선 음식의 정리와 새로운 음식의 소개가 현실의 장에서 잘 조화되기를 바라면서 요리책을 지은 것이다.(《임원경제지》와 《정조지》의 서문은 《임원경제지》 개관서인 《임원경제지: 조선 최대의 실용백과사전》과 《정조지》에 전문이 실려 있다.)

그런데 《임원경제지》의 내재적인 논리에 따르면 요리를 다룬 지가 빠질 수 없는 것은 당연하나, 과거에 급제하고 고위 관료에 오른 조선의 선비가 요리책을 내놓는다는 것은 쉬운 일이 아니다. 무엇이 풍석 선생으로 하여금 요리책을 쓰게 했을까?

풍석 선생의 집안은 대대로 실용적인 지식을 존중하는 분위기가 있었고 남자의 부엌 출입도 비교적 자유로웠으며 풍석 선생 이전에도 요리서의 편찬이 있었다. 술을 다룬 《정조지》 온배지류醞醅之類에는 약산춘藥山春을 소개하면서 7대조인 충숙공忠肅公 서성徐渻이 빚은 것이며, 공의 집이 약현藥峴에 있었기 때문에 붙은 이름이라고 적혀 있다.

또한 할아버지 보만재保晩齋 서명응徐命膺은 신혼 초에 어머니 곁에서 요리와 식재료에 이르기까지 모든 자잘한 부엌 살림을 대신해 다스렸다고 한다. 아내에게도 근심을 안겨줬던 그의 부엌 출입은 나중에 과거 급제를 위해서 무섭게 공부할 때에 중단되었는데, 여느 양반가에서는 보기 힘든 장면이다. 《보만재총서保晩齋叢書》에 수록된 《고사십이집考事十二集》도 생활백과의 성격을 띠며, 12부 중에서 제11부는 음식을 다루고 있다.

풍석 선생의 어머니 한산 이씨는 음식과 요리를 잘하여 재료와 사람을 적게 쓰면서도 풍족한 재료로 많은 사람을 데리고 요리한 것과 맞먹었다. 하찮게 보이는 냇가나 들의 나물도 그녀의 손을 거치기만 하면 모두 훌륭한 맛을 내었으며, "시골 노파나 촌동네 계집종이라도 몇 개월만 데리고 있으면 바로 음식 선수善手가 되었다"고 한다. 그러니 분가한 집안이라도 봉제사나 접빈객과 같은 큰일의 음식과 술에 대해서는 반드시 한산 이씨 부인에게 상의하였다고 한다.

1809년경에 가정생활 백과사전인 《규합총서閨閤叢書》를 남긴 풍석의 친형수 빙허각 이씨는 남편에 대해서는 어진 아내이면서 좋은 벗이었고 집안일에 대해서는 일을 책임지는 사람이고 직접 살림을 하는 사람이었다. 손수 살림을 관장하면서도 생전에 이미 《규합총서》가 널리 알려져 친인척들이 더러 필사해 갔으며, 후대의 축약본인 《부인필지婦人必知》는 규방의 필독서가 되었다.

풍석이 낙향해서 농사를 지어 어머니를 위하여 몸소 조석의 끼니를 봉양하자, 한산 이씨는 손에 굳은살이 박혀가면서 농사일을 하는 아들에게 "도회지에 살면서 농사와 길쌈에 대해서는 문외한인데 먹고 입는 것은 귀신같이 밝히는 자들은 천하의 도적놈들"이라고 아들을 격려하였다고 한다. 이처럼 아들의 수고手苦를 높이 평가하는 어머니 밑에서 풍석은 일상의 자잘한 일을 거리낌 없이 경험하고 실천하였다.

풍석가의 이런 분위기와는 반대로 당시 조선은 도시화와 상업의 발달로 수고에 대한 멸시의 풍조가 만연하였다. 부엌 출입과 길쌈을 멀리하는 사대부가의 여인들이 등장하고 사대부들은 글 읽기에만 몰두하고 생산적인 활동을 기피하고 있었다.

풍석 선생의 생부 서호수와 비슷한 연배인 이덕무는 《사소절士小節》에서 "정민精敏한 부인은 아무리 작은 생선과 마른 나물이라도 삶고 쓰는 일을 정결하게 하여 모두 입에 맞는 반찬을 만들지만, 용렬한 부인은 살찐 어육도 잘못 삶아놓고 좋은 쌀과 차조로도 밥을 제대로 짓지 못하기 때문에 요리책을 지어야 한다"고 했다. 이러한 인식은 그로 하여금 한 걸음 더 나아가 의복 만드는 방식과 음식 장만하는 법을 책으로 만들어서 반드시 처자들을 가르쳐 잘 익히게 해야 한다는 적극적인 조기 교육의 의지를 갖게 했다. 요리책의 중요성과 요리 교육의 필요성을 역설한 이덕무의 발언은 당시 서울의 사대부가 부인들이 밥 짓고 길쌈하는 것을 알지 못할 뿐만 아니라 이를 수치로 생각하는 시대상에 대한 비판적인 인식을 반영한다.

조선 후기 사회의 이런 분위기 속에서 음식 준비가 여성의 몫으로 인식되던 시대에 남성 필자들이 요리서의 편찬에 다수 참여하였다는 사실은, 당시 식자층으로서의 사대부의 지위와 음식 분야가 제사를 모시고 손님을 접대하며 부모님을 봉양하는 데 있어서 핵심적인 영역이었기에 현대의 남성에 비하여 음식에 대한 관심이 지대함을 알게 하는 대목이다. 돌아가신 조상에게 한 끼의 식사를 풀코스로 대접하는 의례인 제사는 음식을 신과 만나는 혹은 신을 확인하는 매개체로 인식하면서 음식이 단순히 우리의 배를 불리는 수단이 아니라 생명 그 자체임을 체화시켰다. 그럼에도 불구하고 《정조지》에는 제사상에 대해서는 일언반구의 언급도 없다. 일상 음식이 신성한 것이며 평범한 것이 가장 소중한 것이라는 유교적 합리성에 기반한 선택이라고 생각된다. 이는 풍수백과 《상택지相宅志》에서 산 사람의 집터를 살피는 법에 대해서만 언급하고 묫자리를 살피는 음택풍수에 대해서는 다루지 않은 상식적 감각과 짝을 이루는 서술 방식이다.

《정조지》는 인간의 생명 활동과 가장 직접적으로 관계되는 음식에 대해 다루고 있지만 그 제목의 의미는 '솥과 도마'이다. 솥과 도마는 단순한 요리 도구로 끝나는 것이 아니라 어원적으로 제기祭器의 의미를 갖는다. 솥과 도마는 우리의 생명이며 경제와 가족의 이유와 목적을 성취해 내는 도구이다. 솥과 도마를 잡는 수고로움을 멀리한다면 우리는 살아갈 방법이 없다. 현대인들은 낫과 호미를 멀리하면서 땅과 멀어졌고 솥과 도마를 집 밖으로 내주면서 땅의 정화인 천물天物을 천시하게 되었다. 흔한 것이 귀하게 되고 귀한 것이 발에 밟히는 천한 것이 된 줄을 모른다.

《전통 채식 밥상》을 작업하는 동안 끊임없이 반추한 질문이 있다. "요리책이 차고 넘치는 요즘 무엇이 우리로 하여금 이 책을 펴내게 하는 것일까?" 요즘 음식은 너무 꾸밈이 많고, 요즘의 우리들은 너무 수고를 아끼고, 요즘의 우리는 요즘 사람 같지 않게 너무 구애되는 것이 많다. 재료와 조미료가 너무 과다하여 원재료의 맛을 잃어버린 요리에 대한 반성, 편한 것을 지나치게 추구하다 보니 오히려 내 몸이 불편해지는 역설에 대한 인식, 살림은 주부가 해야 한다는 편견으로 자녀와 남편을 부엌에서 소외시키면서 교육적이며 조화로운 가정의 본질이 흔들리는 데 대한 저항이 우리로 하여금 풍석 선생의 생명 밥상을 차리게 하였다.

    임원경제연구소에서는 현대 문명의 과도한 생명 소외에 대한 근원적인 해답이 임원경제학에 있다고 보고 20여 년 가까이 《임원경제지》 번역 출간 작업에 몰두하고 있다. 백과사전이라 다양한 분야의 전문가들과 협동 작업을 진행해 왔지만 문성희 선생님과 함께 풍석 선생의 밥상을 재현하고 가르치면서 확인한 《정조지》의 풍부한 내용은, 우리의 몸과 그 몸으로 이루어진 식구, 마을, 나라라는 다양한 사회의 건강을 위해서 그 복원 작업이 지금 꼭 필요하다는 공감대를 불러왔다. 그런 마음이 책 속에 잘 녹아들어 우리의 밥상을 정갈하게 만들고 임원경제학이 활발하게 꽃피우는 계기가 되길 바라는 마음 간절하다.

《정조지》 완역 출간 이듬해에
파주 임원경제연구소에서
정정기

머리글
문성희

# 풍석 서유구 선생의 올바른 삶의 방식을 지금 여기로 가져오는 작업

"시간은 앞으로만 흐른다. 시간에게서 배워라"라는 현자의 말이 있습니다. 과거 없이 현재가 없으며, 현재로부터 생성되는 미래로의 시간 안에 우리는 살고 있습니다. 이렇게 우리의 삶이란 필연적으로 과거의 발자취를 디딤돌삼아 더 나은 미래로 나아가는 것이고, 이러한 창조적 행위들이야말로 진정한 의미의 '온고이지신溫故而知新'일 거라는 생각을 해봅니다.

대부분의 사람들이 땅에 뿌리 내리고 농사지으며 살았던 시절부터 전해오던 우리의 아름다운 밥상 문화가 지난 한 세기 동안 거세고 빠른 물살 같은 변화를 겪으며 많이 헝클어졌습니다. 거리에는 국적을 알 수 없는 패스트푸드와 정체불명의 음료, 또 다양한 나라의 음식을 파는 레스토랑이 한 집 건너 생겼다가 사라지곤 합니다.

세월의 물살은 거스를 수 없으며 문명과 문화의 변화는 필연적으로 거세어지고 그 시간 또한 점점 빨라지고 있습니다. 어느 한 순간도 머무름 없이 새로움을 향하는 우주의 법칙은 만물의 새 살을 돋게 하고 새로운 세계를 끊임없이 창조하는 것처럼 보입니다. 이렇게 새로운 변화를 받아들이고 창조적인 삶을 잘 살아가려면 몸이 강건하고 의식이 명료해야 합니다. 몸과 마음, 의식이 조화로울 때 창조적 생명성이 풍요로워집니다.

밥은 생명의 원천이고 중심입니다. 이제 우리는 단순히 주린 배를 채우기 위한 밥이 아니라 인간됨의 품성과 영성을 부양하는 에너지로서의 밥이 절실히 요구되는 시대를 맞고 있습니다. '밥'의 참 의미를 깨달아 '참 밥'을 먹고 다른 생명에게도 '밥'이 되어주는 삶을 살 수 있다면, "동녘의 조용한 아침의 나라" 기운이 되살아날 것 같습니다.

지금으로부터 두 세기를 거슬러 올라가면 몸소 실천적 지도자의 삶을 살았던 선각자 풍석 서유구 선생을 만나게 됩니다. 풍석 선생이 남긴 저서 중에서 《정조지》는 실제로 부엌을 드나들며 손수 만든 음식들의 레시피를 고스란히 기록한 책으로, '밥'이 말 그대로 '식약동원食藥同源', 즉 생명을 부양한다는 사실을 잘 보여줍니다. 그뿐 아니라 소박하고 검소한 선비의 밥상에서는 한국인의 정체성과 품격이 있는 그대로 드러납니다.

2010년, 풍석 선생의 《임원경제지》 중 일부인 《정조지》를 우연한 계기로 만나고 그 내용에 많이 놀랐습니다. 그리고 《정조지》의 레시피 중 일부를 재현해 보면서 그 맛과 품격에 그야말로 매료되었습니다. 《정조지》의 음식들은 제가 지난 20여 년 동안 추구해 온 '채소 중심'의 밥상, '소박하고 품격 있으며' '생명을 살리는' '평화가 깃든 밥상'의 뿌리였음을 깨달았기 때문입니다.

"풍석 선생이 알려주신 올바른 섭생과 삶의 방식을 어떻게 지금, 여기로 가져올 수 있을까?" 고민하던 중 우연과 필연의 일들을 거치면서 '임원경제연구소'의 연구팀과 만나게 되었습니다. 지난 2003년부터 20년 가까이 《임원경제지》 번역 작업을 해오던 젊은 학자들의 형형한 눈빛과 진지하면서도 겸손한 태도는 단번에 제 마음을 사로잡았고, 저는 이들과 함께 《임원경제지》 중 식생활 분야인 《정조지》의 음식들을 복원하는 작업을 하게 되었습니다.

이 복원 작업에서 제가 기여한 부분은 아주 미미합니다. 무엇보다 저는 이미 20년 넘게 무오신채無五辛菜의 완전한 채식 생활만 해온 요가 수행자로서 《정조지》에 소개된 채식 외의 음식들을 복원하기에는 한계점을 가지고 있었습니다.

또한 무릇 음식이란 만들기 쉽고 간단소박해야 한다는 저의 음식 철학에 따라 손쉽게 재현 가능하고 구하기 쉬운 재료만을 선별하다 보니 선택의 폭이 넓지 못했습니다.

풍석 선생도 저서 곳곳에서 "청빈하고 검소하게 살아라" "의식을 맑게 유지하도록 먹어라" "산 속의 선승처럼 먹고사는 것이 좋다"고 이르십니다. 음식을 맑고 소박하게 먹으면 삶의 여러 면모도 함께 정리되고 가벼워집니다. 어떤 재료로 어떤 마음과 자세를 가지고 음식을 만드는지, 어떤 모양을 내고 어떻게 차려서 어떤 태도로 먹는지에 따라서 음식의 에너지와 기운이 판이해집니다. 이렇게 먹고사는 삶의 방식이 내 삶 전체를 견인하고 만들어갑니다. 풍석 선생께서도 우리의 삶에 이러한 정신이 깃들기를 바라셨으리라 여겨집니다.

《정조지》의 음식들을 복원하면서 저는 옛날의 보배롭고 가치 있는 밥상 문화가 지금 우리의 밥상으로 구현되고 이어지기를 염원했습니다. 잘 익은 간장과 초와 기름 몇 방울만 가지고도 얼마나 품격 있는 맛을 내는지 《정조지》의 음식들에서 저는 재료의 맛을 있는 그대로 느낄 수 있었습니다.

우리나라 음식에는 다섯 가지 미美가 있다고 합니다. 색미色美, 향미香美, 미미味美, 형미型美, 기미器美가 그것입니다. "풍석 밥상을 먹는다는 것은 풍석 선생의 삶도 함께 먹는 것"이라는 생각을 가진 저는 《정조지》 음식을 오늘날의 빼어난 예인들이 만든 아름다운 그릇에 담아 내고 싶었습니다. 이세용 선생님의 백자와 청화, 신동여 신생님의 막사발. 이현배 선생님의 옹기. 놋이의 유기는 세계 어디에 내어놓아도 빼어난 그릇들이었습니다. 예인이자 장인인 이 선생님들은 흔쾌히 자신들의 그릇을 빌려주셨습니다. 이 지면을 빌어 감사의 마음 전합니다. 그리고 이 아름다운 그릇들을 더욱 빛나게 한 천연 염색 상보들을 만들어준 염색 장인 홍젬마 선생께도 깊은 감사 전합니다.

수년 동안 번역 작업하느라 애쓰고 수시로 이것저것 확인해 달라고 떼를 쓰면 바쁜 일정에도 불구하고 흔쾌히 달려와서 복원 작업을 감수해 주신 임원경제연구소의 정정기 선생께도 감사드립니다.

맨 처음 이 책의 편집을 맡아주신 황여정, 양인숙 두 분 에디터와 사진 작업을 해주신 김승범 작가께도 감사드립니다.

처음 이 책을 출간한 '씨앗을 뿌리는 사람' 출판사에서 이런저런 사정에 의하여 이 책을 더 이상 찍을 수 없는 상황에 놓였을 때 샨티출판사의 박정은 대표와 이홍용 주간의 응원과 격려에 힘입어 이렇게 개정판을 내게 되니 무엇보다 기쁘고 감사합니다.

아무쪼록 풍석 서유구 선생이 《정조지》에 담아 낸 이 음식들이 꾸준히 재조명되어 음식을 비롯해 우리의 삶 전반에 걸친 선생의 탁월한 지혜가 '온고이지신'의 지혜로 재창조되기를 염원합니다.

2021년 가을에
분성희

## 기본 양념

《정조지》음식에 들어가는 기본 양념은, '풍석 선생의 부엌은 신선한 제철 재료와 여남은 가지의 양념이 전부인 조촐하고 소박한 공간이지 않았을까?' 생각하게 될 만큼 매우 간단하다.

이 책에 실린 60여 가지 음식을 만들면서 사용된 양념은 소금, 간장, 식초, 꿀, 참기름, 참깨, 후추, 계피, 회향, 진피, 생강이 전부이다.

이들 양념 중 간장과 식초는 오랜 시간 정성 들여 발효시킨 발효 양념이고, 꿀, 후추, 계피, 회향, 진피, 생강은 몸을 따뜻하게 하며 해독을 시켜서 신진대사를 활발하게 하고 피를 맑게 만들어 몸속 기운을 순환시켜 주는 약성 식품들이다. 또 깨끗한 재료 본래의 맛을 해하지 않는 착한 양념들이다. 풍석 선생의 다섯 가지 생명 밥상과 일곱 가지 보양 죽상에 쓰인 양념들을 모아보았다.

**소금** 화학 성분이 섞이지 않은 자연산 천일염이라서 미네랄 성분이 많고 짠맛이 두드러지지 않아 음식 맛을 해치지 않는다. 이 책에서는 1,000℃ 이상의 장작가마에서 구워낸 독성 없는 도자기 소금을 사용했다.

**간장** 불과 50여 년 전까지만 해도 집집마다 간장 항아리가 없는 집이 없었다. 당연히 메주를 쑤어서 담근 집간장(조선간장)을 말한다. 집간장에는 청장과 진장이 있는데, 이 책에서는 '평화가 깃든 자연음식연구소'에서 직접 담근 청장과 진장을 사용했다.

**식초** 《정조지》 뒤편에는 식초 담그는 방법들이 실려 있는데, 여러 종류의 곡물이나 열매를 발효시켜서 초를 만들어 사용했다. 이 책에서는 주로 현미식초를 사용했다.

**꿀** 음식의 단맛을 도와주는 재료로 많이 쓰였다. 아주 간혹 설탕이 사용되기도 했는데 우리나라에서 구하기 쉬운 꿀보다 수입한 설탕이 당시에는 더 귀했던 것 같다. 《정조지》에서는 주로 백밀을 사용했고, 이 책에서는 아카시아 꿀을 썼다.

**참기름** 《정조지》에는 참기름뿐 아니라 들기름, 산초기름 등 많은 종류의 기름이 소개되어 있지만, 이 책에서는 참기름이 주로 쓰였다.

**참깨** 음식의 맛을 고소하게 만들어주는 양념으로 쓰인다.

**후추** 인도가 원산지이고, 맵고 따뜻한 성질이 있어 몸을 따뜻하게 해주며, 음식에서 방부제 역할도 한다.

**계피 가루** 세계에서 가장 오래된 향신료로 손꼽히며, 중국 남부, 베트남, 인도가 원산지이다. 후추와 성질이나 쓰임이 비슷하다.

**회향** 펜넬이라는 이름으로 더 친숙하지만 우리 땅에서도 잘 자라는 향신료이다. 산미나리라고 불리며 생강과 마찬가지로 몸을 따뜻하게 하여 소화를 돕는다. 회향 잎은 샐러드 재료로 쓰이기도 한다. 이 책에서 회향은 열매를 뜻한다.

**진피** 귤껍질을 말린 것으로 비타민 함량이 높은 향신료이다. 빛깔과 향을 돋워줘 《정조지》 음식에 자주 등장한다.

**생강** 따뜻한 성질로 소화와 소염 작용을 하는 향신 재료이다. 음식 맛을 해치지 않는 양념이라서 《정조지》에서는 마늘보다 생강이 주로 쓰인다.

※ 계량법: 1큰술 = 어른 밥숟가락으로 평평하게 1숟가락 / 1컵 = 200cc (종이컵으로 평평하게 1컵)

# 밥상

풍석 선생의 생명 밥상은 음식 궁합과 약선 배합을 잘 조화시켜서 몸을 따듯하게 하고 순환을 도와 해독에도 탁월한 효과가 있다. 또 하나하나 기품이 있으면서도 재료의 맛과 향이 그대로 살아있어 음식 맛을 제대로 즐기는 사람이라면 더욱 반길 만하다.

### 밥상

## 소박하면서도 기품 있는 생명 밥상

《정조지》에서는 익히거나 찌는 음식으로 밥 짓는 여러 가지 방법을 설명하면서 《반유십이합설飯有十二合說》의 장영張英 선생의 설명을 인용하여, "정해 려 선생에게 듣자니 밥을 할 때 밥물이 넘치지 않게 잘 간직하여 뜸을 들이면 기미가 온전해진다고 했다. 불은 늦추어야 마땅하고 물은 줄여야 마땅하니 모두 도가 있는 것이다. 소홀하고 지리멸렬하는 것은 하늘이 낸 것을 함부로 살상하는 것과 같다"고 하였다.

요즘같이 전기밥솥에 버튼만 누르면 밥이 지어지는 편리한 시대에 사는 우리 살림으로서는 고리타분한 이야기 같지만 "밥 짓는 일에도 도가 있고, 소홀히 하면 하늘이 낸 것을 살상하는 것과 같다"는 말씀은 나의 생명을 유지하고 보살피는 밥의 소중함을 뼈저리게 느끼게 하는 벽력같은 깨달음의 소리로 와 닿는다.

밥을 소중히 대하다 보면 내 존재, 내 생명의 존엄성과 귀함이 새록새록 느껴지고, 나를 먹여 살려주는 우주만물의 생산물에 감사함을 더하게 된다. 이럴 때의 밥 한 공기는 나의 자존감을 일깨워주기도 한다.

다시 《정조지》의 밥 잘 짓는 방법을 살펴보면 "밥하는 법의 요점은 불의 세기에 달려 있으니 급하게 끓여서는 안 된다. 먼저 쌀을 물로 깨끗이 일어 물을 끓여 쌀을 넣고 다시 끓여준다. 주걱으로 고루 섞어 뒤집어주고 오랫동안 둔다. 주걱으로 밥을 엎을 때 또 불을 한 번 살짝 때주면 아래위로 골고루 익는다. 무릇 밥을 뒤집을 때 노구솥과 주걱에 먼저 물을 적시면 밥이 붙지 않는다."《인사통》

"노구솥의 뚜껑은 평평하여 안성된 것이 가장 중요하니 조금이라도 이가 맞지 않으면 반드시 저절로 김이 빠져서 연료를 많이 소비할 뿐만 아니라 밥이 반은 설고 반만 익는다. 노구솥의 뚜껑은 약간 큰 것이 좋다."《인사통》

노구솥은 구리나 놋쇠로 만든 솥인데 요즘은 구하기 어렵지만, 전기밥솥에 지은 밥을 먹다가 무쇠솥(요즘은 2~3인용의 작은 솥도 판매되고 있다)으로 지은 밥을 먹어보면 그 맛이 천지 차이다. 요즘 비싼 영국제 수입 철 냄비를 쓰는 이들이 적지 않은데 우리나라의 무쇠솥, 냄비, 팬을 반질반질하게 길들여 쓰면 값도 저렴할 뿐 아니라 디자인 면에서도 정겹다.

구수한 보리밥 냄새를 맡고 있노라면, 여고 시절 시골 할머니 집에서 보리쌀 안친 커다란 가마솥 아궁이에 관솔가지 꺾어 불을 지피던 기억이 떠오른다. 톡, 톡, 송진 터지는 소리와 함께 올라오는 보리 향에 취해 밥 짓는 시간이 되면 사촌언니를 졸라 아궁이불 앞에 앉아 파란 불꽃을 하염없이 바라보곤 했다. 지금 생각하니 풍석 선생이 일러주신 밥 짓는 방법대로 우리 할머니, 어머니 들이 밥을 지어주셨다. 가족들과 둘러앉아 먹던 따끈한 밥과 구수한 숭늉은 추억의 음식이면서 사랑의 음식이기도 하다. 요즘은 가마솥 대신 작은 무쇠솥을 전기 쿡탑에 올려 밥을 지어 먹고 일부러 숭늉도 만들어 먹는데, 강퍅하고 메마르던 몸과 마음이 따뜻함으로 채워지는 느낌이다.

다시 풍석 선생이 손수 쓰신 《옹치잡지》를 들춰보니, "장영의 《반유십이합설》에서는 '조선 사람들은 밥을 잘 지어서 밥알이 또랑또랑하고 부드럽고 매끄러우며 향기와 윤이 나는 것이 아마 흔히 말하는 가운데와 가장자리가 모두 기름지다는 것이 아니겠는가?' 하였다. 요즘 사람들의 밥 짓기에는 다른 기술이 있는 것이 아니라 쌀을 깨끗이 일어 쌀뜨물을 기울여 버리고 노구솥에 넣고 새로운 물을 쌀 위로 손바닥 하나 두께만큼 채운다. 솥뚜껑을 닫고 섶나무를 태워서 끓이는데 질게 하려면 익을 때쯤 불을 빼서 일이 각(15~30분) 후에 다시 불을 넣어 끓인다. 되게 하려면 불을 빼지 말고 처음부터 끝까지 센불로 끓인다. 그러나 남쪽 사람들은 쌀밥을 잘하고 북쪽 사람들은 조밥을 잘하는데 역시 각기 그 습속을 따른 것이다"라고 말씀하신다. 북녘 땅에는 잡곡 농사가, 남녘 땅에서는 쌀농사가 쉬웠던 것을 짐작하게 하는 대목이다.

작은 무쇠솥을 사서 세제 묻힌 철수세미로 문질러 씻은 다음 물을 부어 끓여서 버리고 불에 올려 갈색이 나도록 20~30분 정도 태우면서 들기름이나 올리브기름을 묻힌 행주로 여러 번 닦아주면 반질반질 윤이 나면서 깨끗해진다. 이렇게 마련한 작은 무쇠솥에 풍석 선생이 일러주신 대로 쌀을 씻어 안치고 가스불이나 전기 쿡탑에 올려 밥을 짓는데, 백미인 경우에는 쌀과 물을 똑같은 양으로 계량하여, 가스불에서는 약불에서, 전기 쿡탑에서는 4~5 정도에서 30분을 올려두면 밥물이 넘지 않고 잘 된다. 현미인 경우에는 1.5배의 물을 붓고 압력솥에 안쳐서 약불에서 30분 지나면 밥이 잘 된다. 전기밥솥 못지않게 수월하게 밥을 지을 수 있다.

우리나라 사람들의 먹을거리 살림 중에 밥이 제일 중요하고 그 다음에 국과 찬이 곁들여져야 밥상의 구성이 제대로 되었다 할 수 있으므로, 이 책에서는 기본적으로 밥, 국, 반찬 세 가지를 준비했다.

아무리 자랑스럽고 좋은 전통일지라도 지금 여기에서 이어지게 되살리지 못한다면 박제된 지식에 지나지 않는다는 생각에 요즘 우리 밥상에 바로 올릴 수 있는 차림으로 엮었다.《정조지》에 실린 음식 중에 다양한 밥과 그 밥에 잘 어울리는 국을 올리려고 고심했고, 반찬 세 가지는 채소 위주의 절임류, 지짐류, 나물류가 골고루 들어가도록 구성했다.

200여 년 전의 밥상은, 간결하고 소박하게 먹으면서 심신을 흐트러짐 없이 고요하게 잘 다스리라고 가르침을 주신다. 요즘은 여러 가지 독성 물질의 섭취로 인해 해독에 관심이 많은데, 풍석 선생의 생명 밥상은 음식 궁합과 약선 배합을 잘 조화시켜서 몸을 따듯하게 하고 순환을 도와 해독에도 탁월한 효과가 있다. 또 하나하나 기품이 있으면서도 재료의 맛과 향이 그대로 살아있어 음식 맛을 제대로 즐기는 사람이라면 더욱 반길 만하다. 무엇보다 레시피가 놀라울 만큼 간단하고 정확하기 때문에 누구나 쉽게 만들 수 있다. 이렇게 소박하면서도 정갈하고 기품 있는 건강 밥상을 하루 한 끼라도 챙겨 먹는다면 몸과 마음이 조금 더 평화로워지고 우리 사는 일상이 조금은 더 행복해지지 않을까 기대해 본다.

# 기품과 향기가 배어 있는
# 보리밥상

보리밥　죽순구기자잎국삼취갱　파적총적　겨자가지지개말가지　다시마튀각송초전

보리밥은 여름에 찬물에 말아 짭조름한 강된장과 밭에서 갓 딴 풋고추, 그리고 달착한 보리고추장과 함께 먹던 생각이 나서 부러 해먹기도 하는 추억의 음식이다. 이 보리밥에 삼취갱, 송초전, 총적, 개말가지를 더해 기품 있는 한 상차림으로 꾸며보았다.

《정조지》에서는 "삼취갱은 어린 죽순과 작은 표고버섯, 구기자 나물을 기름에 볶아 국을 끓이는데, 후추를 더하면 더욱 좋다"고 설명한다.

마침 대구의 허브 농장에서 보내온 야들야들하게 어린 죽순이 있어서 얇게 자르고 앞집 채마밭에서 얻은 구기자 잎과 마을 사람이 재배하여 보내준 갓 딴 표고버섯으로 국을 끓였는데, 소금, 간장을 넣지 않아도 놀랄 정도로 담백하고 향기로운 국이 완성되었다. 보리밥상의 격을 생명 밥상으로 한 품 올려주는 데 삼취갱의 역할이 크다.

역시 앞집 텃밭에서 뜯어온 파 서너 뿌리를 다듬어서 간장, 참기름을 넣고 반죽한 밀가루 옷을 입혀 구운 파산적에 식초를 살짝 뿌려 총적을 완성했다. 자주 해먹는 반찬이지만 달걀 물을 입혀 질척해진 요즘의 파산적과는 비교가 안 될 만큼 파삭하고 고소하면서도 깔끔한 맛이 난다.

송초전은 예전에 궁중 요리라며 배운 매듭자반과 만드는 방법이 같은데, 매듭을 짓는 방법이 다르고 매듭에 잣과 후추를 모두 넣어서 두 개의 매듭으로 만드는 점이 다르다. 다시마튀각에 해당하는 해초 반찬이다.

작고 여린 가지를 줄기처럼 길게 잘라 볕에 말려서 꾸덕꾸덕해지면 넉넉하게 기름을 두르고 볶은 다음 식혀서 소금과 겨자 가루에 버무려 삭힌 개말가지는 만들어본 적도, 먹어본 적도, 들어본 적도 없어서 그 맛이 매우 궁금했는데, 고소하고 쫄깃한 것이 "쇠고기는 저리 가라" 할 맛이다.

구수한 보리밥 한 그릇과 은은한 향이 밴 삼취갱, 고소한 총적, 파삭한 송초전, 매콤하면서도 쫄깃한 개말가지, 이 얼마나 품위 있는 밥상인가? 요즘 지도자들이 매일 이렇게 먹는다면 저절로 건강하고 검약하여 좀 더 존경받을 만하지 않을까? 선비 정신이 고스란히 밴 풍석 선생의 절제된 살림살이를 본받고 싶다는 생각이 물씬 든다.

**보리밥** 보리쌀은 단단하고 껄끄러워서 밥을 지어도 쉽게 익지 않는다. 이때는 먼저 한나절 동안 깨끗한 물에 불려서 낱알 안팎으로 모두 습기를 머금게 해야 한다. 그런 후에 다시 보리를 일어서 밥을 지으면 밥이 부드럽고 맛이 좋으며 게다가 땔감도 절약할 수 있다.

— 《정조지》 권2, 〈익히거나 찌는 음식〉

**삼취갱** 어린 죽순과 작은 표고버섯, 구기자나물을 기름에 볶아 국을 끓이는데, 후추를 더하면 더욱 좋다.

— 《정조지》 권4, 〈채소 음식〉

**총적** 입춘이 지난 뒤에 땅광 안에서 기른 여린 황총黃蔥(노랗게 새로 난 파)을 가져다가 수염뿌리를 제거하고 데친 다음 대나무 꼬챙이에 꿴다. 이를 칼등으로 가볍게 찧어 평평하게 눌러준 다음 기름간장에 밀가루를 반죽하여 두껍게 바른 뒤, 숯불에 푹 굽고 좋은 식초를 끼얹어 담아 낸다. 여름과 가을에 만든 총적은 맛이 떨어진다.

— 《성소시》 권4, 〈채소 음식〉

# 보리밥

### 재료
보리쌀 2컵, 물 2.5컵

### 만들기
1. 보리쌀을 씻어 한나절 동안 충분히 불린다.
2. 물 2.5컵을 붓고 밥을 짓는다.
3. 밥을 지을 때 처음에는 센불에 올려 끓기 시작하면 중간불로 낮추고, 밥물이 잘박해지면 약불로 충분히 뜸을 들인다.

- 보리쌀은 단단하고 낄끄럽기 때문에 밥알이 잘 익지 않으므로, 물에 담가 쌀알이 안팎으로 모두 습기를 머금은 후에 밥을 지어야 맛이 좋고 연료도 절약할 수 있다.《옹치잡지》 보리는 성질이 차서 여름 밥으로 좋다.
- 보리쌀과 백미를 적당히 섞어서 밥을 시어도 좋고, 귀리쌀과 백미를 같은 양으로 섞어서 밥을 지어도 좋다. 보리쌀이나 귀리쌀은 밥을 안치기 전에 30분 정도 미리 불려두는 것이 좋다.

# 죽순구기자잎국 삼취갱

### 재료
어린 죽순 1개, 표고버섯 6개, 구기자 잎 1줌, 참기름 2작은술,
후추 1/2작은술, 물 6컵

### 만들기
1  어린 죽순은 껍질을 벗겨내고 얇게 썬다.
2  표고버섯은 얇게 저미고, 구기자 잎은 씻어 준비한다.
3  달군 냄비에 참기름을 넣고 1, 2를 넣어 잠시 볶는다.
4  3에 물 6컵을 넣어 끓이다 후추를 넣고 한소끔 더 끓여 완성한다.

- 특유의 향과 아삭거리는 식감으로 입맛을 살리는 죽순은 성인병 예방과 해독 작용에도 탁월한 효능이 있다.
- 《정조지》에서는 이 국에 떡을 넣어 끓인 것을 삼취면三脆麵이라고 했다.
- 죽순과 구기자 잎을 구하기 어려울 때 죽순 대신에 연근, 구기자 잎 대신에 케일 잎으로 국을 끓였는데 아주 좋았다.

# 파적 총적

#### 재료
여린 대파 4뿌리, 통밀 가루 1컵, 집간장 1큰술, 참기름 1큰술, 식초 1큰술, 물 1컵, 산적꽂이 5~6개

#### 만들기
1 대파는 뿌리와 수염을 제거하고 살짝 데친 다음 손가락 두 마디 정도 길이로 썬다.
2 산적꽂이에 1을 꿰어 칼등으로 가볍게 두드려 평평하게 편다.
3 밀가루에 참기름과 간장, 물 1컵을 넣고 반죽하여 2에 약간 두껍게 바른다.
4 기름을 두르지 않은 팬에 3을 굽는다. 식초를 끼얹어 먹는다.

• 파 대신 아스파라거스나 셀러리 줄기를 사용해도 맛과 향이 좋다.

# 겨자가지지 개말가지

**재료**

가지 6개, 참기름 2큰술, 겨자 가루 2큰술, 구운 소금 1/2큰술

**만들기**

1. 작고 어린 가지를 줄기처럼 길게 잘라서 하루 정도 볕에 말린다.
2. 달군 팬에 손질한 가지와 참기름, 소금을 넣고 볶는다.
3. 식혀서 겨자 가루를 고루 뿌려 버무린 후 뚜껑 있는 그릇에 담아서 2~3일 정도 저장했다가 먹는다.

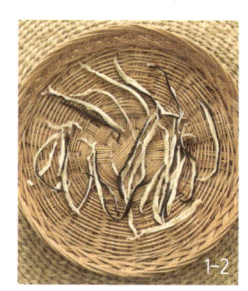

• 말린 가지를 물에 1시간 정도 불렸다가 물기를 짜서 현미유에 볶은 다음, 소금과 겨자 가루를 뿌려서 잘 버무려 냉장 보관했다가 먹어도 맛있다. 씹는 질감이 쫄깃하고 고소하며, 겨자의 매콤한 맛이 풍미를 살려준다. 가지 외에 무말랭이나 말린 표고버섯, 말린 애호박 등으로 만들어도 맛있다.

# 다시마튀각 송초전

### 재료
다시마 길이 20cm 정도 1장, 통후추 20알, 잣 20알, 현미유 1컵

### 만들기
1 다시마를 물에 담가두었다가 건져내서 마른 행주로 물기를 닦는다.
2 1을 너비 1cm 정도로 길게 자른다.
3 자른 다시마에 후추 1알, 잣 1알을 차례로 묶는다.
4 달군 팬에 현미유를 두르고 지진다.

  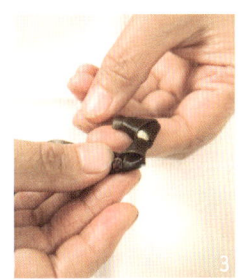 

1-1    1-2    3    4

- 다시마를 젖은 행주에 싸두었다가 촉촉해지면 사용해도 좋다.

# 면역력을 높여주는
# 상추밥상

상추밥　미나리국벽간갱　가지지　송이적　검정콩조림흑두초

《정조지》에서는 상추밥과 관련하여 "상추를 절여 볕에 말린 것을 참기름에 섞어서 밥 위에 올려 쪄서 먹는다"고 하였고, "뱃속의 여러 기생충을 죽이므로 고기와 같이 삶아 먹어도 그 효능이 빼어나다" "오래 두어도 상하지 않고 사람에게 가장 이롭다"고도 설명하고 있다.

상추 말린 것을 밥 위에 놓고 찐다? 과연 어떤 맛일까? 말린 산나물이나 무청시래기를 밥에 올려 나물밥을 해먹으면 맛있고 몸에도 좋다는 것을 익히 아는 터라 그리 낯설지는 않은 조리법이다. 이때의 상추는 하우스 재배 상추가 아니고, 장마 전 끝물 상추를 소금에 살짝 절여 볕에 말려 저장했던 것 같다. 그렇게 저장한 것으로 밥도 해먹고 국도 끓이고 고기 삶을 때도 같이 쓰면 좋다는 뜻으로 짐작된다.

밥물이 자작하게 잦아들 때쯤 고소한 참기름에 버무린 상추 잎을 밥 위에 올려서 뜸을 들여 내었더니 상추 향과 고소한 참기름 향이 숟가락 쥔 몸을 저절로 끌어당긴다.

여기에 더해 향기가 가득한 미나리국을 끓인다.

"2~3월에 꽃 몽우리가 돋을 때 따서 끓는 물에 넣었다가 꺼낸다. 식초와 겨자, 소금과 회향을 넣고 담가 김치를 만들 수 있다" "이 미나리 김치로 국을 끓이면 향기가 나는 것이 푸른 계곡과도 같다"고 예찬한다.

겨자 가루와 소금과 식초로 양념한 미나리국 맛은 과연 어떨까? "맛있다"라는 말보다 "몸에 좋을 것 같다"는 말이 먼저 나온다.

가지와 새송이버섯을 소금물에 담가 가지지를 만들고, 참기름, 간장으로 버무려 구운 송이적을 곁들이니 상차림이 그럴듯하다.

풍석 선생의 밑반찬 레시피 중 최고상을 받을 만한 흑두초까지 더하면 생명 살리는 밥상으로 빠짐이 없다. 검정콩 대신 서리태를 잘 불려 물이 없어지도록 무르게 삶은 다음 간장, 꿀, 다시마, 귤피, 통후추, 생강채, 참깨, 잣가루, 참기름을 넣어 다시 한 번 볶은 것이 흑두초이다. 이제까지 우리가 만들어 먹었고 도시락 반찬의 단골손님이던 콩조림과는 도저히 같은 과라고 할 수 없을 만큼 귀한 약성과 영양이 가득한 밑반찬이다.

풍석 선생의 음식을 보면 볼수록 "왜 지금까지 이걸 몰랐을까?" 싶기도 하고, "아, 이거 비슷한 것, 엄마가 늘 만들어주셨지" 싶기도 하고, "이러한 밥상 문화가 계승되어 왔더라면 지금쯤 우리의 몸과 마음도 상당히 건강할 텐데" 싶어 아쉽기도 하지만, 이제라도 이런 귀한 음식을 알게 되어 반갑고 감사한 마음이 앞선다.

**상추밥** 상추 잎을 절였다가 꺼내서 볕에 말린다. 여름에 이를 참기름에 섞은 뒤 밥에 올려 쪄서 익히면 밥맛이 최고로 빼어나다. 게다가 뱃속의 여러 기생충을 죽이므로 고기와 같이 삶아 먹어도 그 효능이 빼어나다.

— 《정조지》 권4, 〈채소 음식〉

**벽간갱** 데치고서 국을 끓이면 맑고 향기로운 냄새로 인해 마치 푸른 계곡에 있는 듯하다. 그래서 두보의 시에 "향기로운 미나리로 푸른 계곡의 국 끓였네"라는 구절이 있는 것이다.

— 《정조지》 권4, 〈채소 음식〉

# 상추밥

### 재료
쌀 2컵, 상추 15장, 참기름 1큰술, 구운 소금 2작은술, 물 1+2/3컵

### 만들기
1 상추에 소금을 뿌려서 꾸덕해질 때까지 볕에 말린다.
2 쌀을 안쳐 밥을 짓는다.
3 말린 상추에 참기름을 넣고 무친다.
4 밥 뜸들일 때 3의 상추를 밥 위에 올린다.

- 늦게까지 밭에 남아 꽃을 피운 억센 상추도 좋다. 상추는 철분이 많은 채소로 쌉싸름한 맛이 오장을 편하게 하고 기를 통하게 해주며, 줄기에서 나오는 흰 즙의 성분이 진정 작용을 해준다.
- 상추 잎은 잘게 썰어서 말렸다가 냉동 보관하여 필요할 때 꺼내 쓴다. 찹쌀에 말린 상추 잎과 잣을 넣고 밥을 지은 다음 주먹밥으로 만들어 도시락을 싸니 좋았다.

# 미나리국 벽간갱

### 재료
미나리 1줌, 겨자 가루 1큰술, 식초 1큰술, 구운 소금 2작은술, 회향 1작은술, 물 5컵

### 만들기
1. 미나리는 불순물을 제거하고 씻어 준비한다.
2. 손질한 미나리를 손가락 두세 마디 정도 길이로 썰어서 끓는 물에 아주 살짝만 데친다.
3. 냄비에, 데친 미나리와 식초, 겨자 가루, 소금, 회향을 넣는다.
4. 물 5컵을 넣고 한소끔 끓인다.

- 미나리국은 향긋하고 시원한 맛이 입맛을 당기면서 몸을 따뜻하고 편안하게 한다. 회향은 펜넬이라는 허브로, 소화를 돕고 몸을 따뜻하게 한다. 마트나 인터넷 쇼핑몰에서 구할 수 있다.
- 미나리국은 해독과 면역 강화에 탁월하고 맛도 향기롭다.

# 가지지

### 재료
가지 4개, 굵은 소금 8큰술, 물 6컵

### 만들기
1. 가지는 꼭지를 제거하고 씻어서 준비한다.
2. 냄비에 물과 소금을 넣고 끓인다.
3. 용기에 가지를 담고, 끓인 소금물을 붓는다. 3일 정도 숙성한 후 냉장 보관한다.

- 가지가 소금물에서 떠오르지 않도록 무거운 돌 같은 것으로 잘 눌러둔다. 요즘의 오이지 담그는 법과 비슷하다.

# 송이적

### 재료
새송이버섯 4개, 집간장 2큰술, 참기름 1큰술

### 만들기
1 새송이버섯은 모양 그대로 얇게 저민다.
2 간장과 참기름을 섞어 손질한 송이를 넣고 버무린다.
3 달군 팬에 송이를 굽는다.

- "송이를 참기름과 좋은 간장에 담갔다가 숯불에 구워 반쯤 익으면 먹는데 채소 중에 선품이다. 밀이 익을 때 집 북 아래 나는 가짜 송이도 소나무 기운이 있어서 먹을 만하다."《증보산림경제》 이렇게 풍석 선생은 진짜 송이나 가짜 자연산 송이를 말씀하셨는데, 여기서는 재배한 새송이로 대신한다.

# 검정콩조림 흑두초

### 재료

검은콩 2컵, 다시마 손바닥 크기 1장, 생강 채 1큰술, 말린 귤피 채 2큰술, 집간장 4큰술, 참기름 3큰술, 꿀 4큰술, 잣가루 2큰술, 볶은 참깨 2큰술, 후추 가루 1큰술, 물 6컵

### 만들기

1 검은콩이 잠길 정도로 물 6컵을 붓고 물이 다 없어질 때까지 푹 익힌다.
2 다시마를 3cm 정도 길이로 가늘게 잘라서 깨끗이 씻는다.
3 1에 생강 채와 말린 귤피 채, 간장, 참기름, 꿀을 넣고 중간불로 볶는다.
4 다시마가 물러지고 간장과 기름이 끈적하고 진해지면 불을 끈다.
5 볶은 참깨와 잣가루, 후추 가루를 뿌려 항아리나 용기에 담아둔다.

- 영양과 약성과 맛을 모두 충족시켜 주는 반찬이다. 말린 귤피는 한방에서는 진피라고 하여 몸을 따뜻하게 해주는 약재로 애용되는데, 비타민 C가 많고 향이 좋다.

## 몸을 따뜻하게 감싸주는
# 영양밥상

영양밥혼돈반　국화잎국　오이소박이장황과　국화잎샐러드자국묘　생강지짐통신병

　　　　　　　　　　　　　　　　　　풍석 선생은 이 영양밥을 여러 가지를 섞은 밥이라고 하여 혼돈반이라 이름 지었는데, 요즘 우리가 즐겨 먹는 영양 솥밥 같은 것으로, 찹쌀을 약간 보태어 넣고 밤, 대추, 팥을 넣어 찐 것이다. 《정조지》를 만나기 전에도 이와 같은 레시피로 밥을 쪄서 도시락을 싸거나 파티 음식으로 자주 애용해 온 나로서는 낯설지 않을 뿐더러 무척 반가운 음식이다. 풍석 선생은 이 밥을 찌라고 일러주시는데 물을 부어서 밥을 짓는 것과 뜨거운 증기를 이용해서 밥을 짓는 것은 그 식감부터가 다르다. 증기를 이용해서 찐 밥은 식감이 좀 더 살아있고 잘 쉬지 않는 이점이 있다.

　다만 밥을 찔 때는 쌀을 미리 불려두어야 하고, 반드시 뜨거운 김이 오를 때 재료를 넣고 센불에서 밥을 지어야 한다. 많지 않은 양은 20분에서 30분 사이에 밥이 익는데, 중간에 뚜껑을 열고 찬물을 뿌려주면서 뒤적거려주면 잘 익는다. 물을 너무 많이 자주 뿌리면 밥이 질어지고, 안 뿌리면 고두밥이 되니 취향에 따라 선택하면 된다.

상상만 해도 국화 향이 물씬 날 듯한 국화잎국은 "국화 잎에 생강과 소금, 구기자를 넣고 끓인다"고 하는데 그 맛을 생각으로 가늠하기는 어렵다. 풍석 선생의 음식은 놀라우리만큼 간결하고 깔끔하게 똑 떨어지는 맛과 향이 있다. 이렇게 먹으면 "마음이 맑아지고 눈을 밝게 해준다"고 한다.

오이소박이는 가운데를 둥글게 홈을 파서 후추로 양념한 으깬 두부를 그 속에 박아 넣고 간장을 부어 삭힌 것인데, 그 맛이 깨끗하고 고소하며 짭쪼름하여 밥 반찬으로 손색이 없다.

자국묘라는 아름다운 이름의 국화잎샐러드도 그 맛이 무척 궁금했는데 국화 잎을 데쳐서 쓴맛을 뺀 다음 녹두 가루를 입혀 지진 것에 생마를 곁들여 초간장을 끼얹은 것으로, 기품 있는 샐러드를 연상시킨다. 향긋한 국화 향과 바삭하고 고소한 녹두 가루 특유의 식감, 아삭하고 시원한 마와 깔끔한 초간장은 똑 떨어지는 조화로운 맛과 향을 선사한다.

통신병이라는 이름의 생강지짐도 궁금증을 자아내는데, 만들기도 단순하여 감초 가루를 약간 보태 밀가루에 굴려서 바삭하게 지진 것으로 생강 향이 은은하게 입맛을 정리해 준다. "약간의 고운 감초 가루를 밀가루에 섞으면 아마 나쁘지 않을 것이다. 기름을 약간 넣고 지져서 먹으면 추위를 끊을 수 있다", "생강은 신명을 통하게 한다고 해서 통신병이라는 이름이 붙여졌다"고 《정조지》는 설명한다. 또 "공자는 생강 먹는 것을 거두지 않았다"고 할 만큼 생강을 가까이 두고 즐겨 먹었던 것 같고, 주자朱子는 "생강이 신명을 통하게 하고 더럽고 나쁜 것을 제거하므로 매끼 거르지 않았다"고 풍석 선생은 인용한다. 나도 향신 양념으로 파, 마늘보다는 생강을 즐기는 편인데, 정신을 맑게 하고 더럽고 나쁜 것을 없애준다고 하니 마음을 어지럽히지 않으려면 생강을 쓰는 게 좋은 것 같다.

영양밥과 국화잎국, 국화잎샐러드, 오이소박이, 생강지짐. 밥 하나 국 하나 반찬 세 가지로 상을 차리니 이 얼마나 소박하면서도 품격 있는 밥상인가? 몸과 마음을 평화롭게 어루만져주는 음식들로 차린 선비 밥상이자 생명 밥상이다.

**국화잎국**

국화에는 두 가지가 있는데, 줄기가 붉고 향기가 좋으며 맛이 단 국화라야 그 잎으로 국을 끓일 수 있다. 줄기가 푸르고 큰 국화는 국을 끓일 수 없다. 봄에 어린 잎을 따서 씻고 데친 다음 기름으로 약간 볶아서 익으면 생강과 소금을 넣고 국을 끓인다. 마음을 맑게 하고 눈을 밝게 해준다. 여기에 구기자를 더하면 더욱 빼어날 것이다.

— 《정조지》 권4, 〈채소 음식〉

**통신병**

생강은 얇게 썰고 파는 가늘게 썬다. 생강과 파는 각각 밀가루를 조금 섞는다. 약간의 감초를 곱게 가루 낸 뒤 밀가루에 섞으면 아마 나쁘지는 않을 것이다. 기름을 약간 넣고 지져서 먹으면 추위를 끊을 수 있다. 주희의 《논어집주》에서 "생강은 신명을 통하게 한다"라 했으므로 이와 같은 이름을 붙였다.

— 《정조지》 권4, 〈채소 음식〉

# 영양밥 혼돈반

58

### 재료

멥쌀 1.5컵, 찹쌀 1/2컵, 팥 2큰술, 익힌 밤 4~5개, 말린 대추 5~6개

### 만들기

1. 멥쌀과 찹쌀을 씻어 체에 받쳐두고, 팥은 삶아서 준비하고, 밤은 반으로 쪼개고, 대추는 씨앗을 제거한다.
2. 찜기에 베보자기를 깔고 멥쌀, 찹쌀, 삶은 팥, 대추, 밤을 담는다.
3. 물이 끓을 때 찜기를 올려 15~20분 정도 찐다.

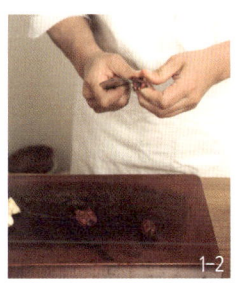

- 밥을 찔 때 그대로 찌면 고슬고슬한 고두밥이 된다. 촉촉한 밥을 만들고 싶다면 뜨거운 김이 오를 때 찬물을 두세 차례 뿌려주면 된다. 현미찹쌀에 익힌 팥, 밤, 대추, 은행, 버섯을 넣고 밥을 지어서 주먹밥을 만들면 건강한 현대식 혼돈반이 된다.

# 국화잎국

### 재료

국화 잎 1줌, 구기자 1큰술, 다진 생강 1작은술, 구운 소금 2작은술, 참기름 1작은술, 물 5컵

### 만들기

1 봄에 줄기가 붉고 향기가 좋으며 맛이 단 국화 싹의 잎을 채취한다.
2 국화 잎을 씻어 살짝 데친다.
3 냄비에 참기름을 두르고 데친 국화 잎을 볶는다.
4 3에 생강과 소금, 구기자와 물 5컵을 넣고 한소끔 끓인다.

- 국화잎국은 심신을 안정시켜 주고 눈을 밝게 해준다. 국화 잎 대신 쑥을 써도 좋고 셀러리 잎을 사용해도 좋다.

# 오이소박이 장황과

### 재료
오이 3개, 두부 1/2모, 집간장 3큰술, 후추 가루 1작은술

### 만들기
1 오이는 꼭지를 따고, 가운데 속을 동그랗게 파낸다.
2 두부는 으깨서 물기를 짠 다음 후추를 넣어 양념한다.
3 2를 오이 속에 넣어 채운다.
4 간장을 끓여 오이에 끼얹은 다음 하룻밤 묵혀서 먹는다. 먹기 직전 먹기 좋은 크기로 썰어 내면 된다.

• 많이 장만하여 냉장 보관하면 시간이 지날수록 깊은 맛이 난다.

# 국화잎샐러드 자국묘

### 재료

국화 잎 1줌, 녹두 가루 1/2컵, 현미유 5큰술, 마 15cm 길이 1개,
집간장 2큰술, 식초 1큰술

### 만들기

1. 봄에 줄기가 붉고 향기가 좋으며 맛이 단 국화 싹의 잎을 따서 씻은 다음 살짝 데친다.
2. 데친 국화 잎에 녹두 가루를 입혀 현미유를 두르고 노릇하게 지진다.
3. 마는 껍질을 벗기고 5mm 정도의 두께로 썰어 엷은 식초 물에 5분 정도 담갔다가 건진다.
4. 그릇에 마를 담고 지진 국화 잎을 올려서 간장과 식초를 끼얹어 낸다.

2-1

2-2

3

- 국화 특유의 향기와 마의 아삭거리는 식감, 새콤한 초간장이 입을 상쾌하게 한다. 마를 식초 물에 담그면 미끌한 촉감과 색이 변하는 것을 막을 수 있다.
- 국화 잎 대신에 셀러리 잎을 사용해도 좋다.

# 생강지짐 통신병

### 재료

생강 6개, 통밀 가루 2/3컵, 감초 가루 1작은술, 현미유 5~6큰술

### 만들기

1 생강은 얇게 썬다.
2 밀가루에 감초 가루를 섞어 생강에 묻힌다.
3 달군 팬에 얇게 기름을 두르고 2를 지진다.

- 감초 가루가 생강의 강한 향을 중화시킨다.

# 영혼을 맑게 하는
# 연잎밥상

연잎밥  무김치  참외지참외제  호박적남과적  고춧잎볶음남초초

《정조지》의 〈익히거나 찌는 음식〉 편에서는 밥을 쉬지 않게 하는 방법으로 연잎밥을 소개한다. 또 다른 방법으로는 생비름나물을 밥 위에 펼쳐놓으면 하룻밤을 묵어도 쉬지 않는다고 나온다.

연잎을 구하기는 어려워도 은은한 향과 그 모양, 색깔이 아름다우므로 연잎밥을 상에 올려보고 싶은 생각이 절로 든다.

연잎밥을 만들 때는 흔히 찰밥을 연잎에 싸서 다시 한 번 찌는데, 풍석 선생은 생잎으로 밥 싸는 방법을 소개한다. 옛날에는 수렵이나 채집하러 갈 때 이렇게 연잎밥을 도시락으로 가져가지 않았을까 상상의 나래를 편다. 또 누마루에 앉아 연잎밥과 과제(참외제), 남과적, 남초초를 펼쳐놓고 부의주 한 잔 곁들여 시조창을 읊던 벽계수와 황진이 그림이 그려지기도 한다.

연잎의 선명한 녹색과 늙은 호박의 붉은색, 참외지의 노란색, 석이버섯이 들어간 고춧잎볶음의 검정색 등 상차림 색깔이 화려해서 나들이 도시락으로 손색이 없을 듯하다.

무김치로 국을 대신하고, 솔순 가지의 껍질을 벗겨내 꼬치를 만들어서 늙은 호박을 쪼개 꿰어 참기름과 간장을 발라 구워 남과적을 만들었다.《정조지》에서는 솔순을 쓰라고 되어 있지만 때가 늦어 솔순이 조금 커져버린 바람에 어린 가지를 솔잎 채 사용했다. 감칠맛 나는 호박 특유의 향에 어우러지는 솔 향, 햇볕에 잘 익은 겹장과 참기름 향이 솔솔 배어 나와 달착지근한 호박 맛을 배가시킨다.

고춧잎, 생강 채, 귤껍질, 석이버섯, 잣, 참깨, 잘 익은 겹장, 참기름을 넣어 볶은 남초초와, 참외 씨앗을 빼고 겹장으로 맛을 내어 햇볕에 말린 과제. 이렇게 장만하다 보니 아주 고급스러운 밥상이 또 한 상 차려졌다. 한 번쯤 이렇게 공이 많이 들어간 밥상을 대하면서 숨 고르기를 할 수 있다면 그 또한 힐링의 한 방법이 되지 않을까 싶다. 밥은 언제나 생명의 중심이 되어야 하고, 에너지가 가득 차야 하며, 살아가는 데 기쁨과 행복을 선사하는 근원이 되어야 할 것이다. 풍석 서유구 선생의 밥상이 우리 모두에게 잃어버린 자아 존중의 소중한 가치를 일깨워주는 것만 같아 마음이 한없이 풍요로워진다.

**연잎밥** 연잎으로 밥을 싸면 더위에도 밥이 쉬지 않는다.

— 《정조지》 권2, 〈익히거나 찌는 음식〉

**외증채** 구운 푸성귀나 찐 채소는 산가의 담박한 반찬이다. 눈 깜짝할 사이에 마련하여 힘들이지 않고 조리하여 익힐 수 있다. 명찬의 토란이나 여여경의 박과 같은 뒤에야 비로소 천연의 진미를 얻을 수 있는 것이다. 그러나 날것과 익은 것은 불기운의 조절에 달렸고 부드러운 맛과 거친 것은 손맛에 달렸으며, 풍로와 흡발에는 스스로 빼어난 비결이 있다. 그러므로 이 또한 평범한 요리사나 민간의 음식이 따라할 수 있는 맛이 아니다.

— 《정조지》 권4, 〈채소 음식〉

**남과적** 늙고 누런 호박을 잘 저장하면 다음해 봄 3월까지 둘 수 있다. 솔잎에 새순이 돋아날 때, 이 호박을 손가락 1개 두께의 가락으로 썬다. 이를 솔잎 순이 난 가지로 꿴 다음 참기름과 간장을 바른 뒤, 화롯불에 푹 구우면 달고 향기로운 맛이 비할 데가 없다.

— 《정조지》 권4, 〈채소 음식〉

# 연잎밥

### 재료
연잎 작은 것 4장, 밥 4공기

### 만들기
1 연잎에 밥을 담아 원하는 모양으로 싼다.

- 연잎은 냉동 보관해 두었다가 필요할 때마다 해동하여 사용하면 편리하다.
- 찹쌀에 잣과 톳을 넣고 밥을 지은 후 연잎으로 감싸서 한 번 더 쪄주면 연잎 향이 더 짙어진다.

# 무김치

### 재료
알타리무 1단, 굵은 소금 8큰술, 물 3ℓ

### 만들기
1 알타리무의 껍질을 제거하고 깨끗이 씻어 옹기에 넣는다.(알타리 무 대신 보통 크기의 무 반 개를 써도 좋다. 이때 무는 통째로 혹은 썰어서 넣으면 되고, 무의 잎이나 열무 서너 포기를 같이 썰어 넣어도 된다.)
2 물을 끓여 충분히 식으면 소금을 섞어 맑게 가라앉힌다.
3 가라앉은 찌꺼기는 남기고 맑은 소금물을 무가 담긴 용기에 부어준다.

- 어린 오이, 연한 가지, 생강, 파, 청각, 고추를 같이 넣어서 담그면 더욱 좋다. 물을 끓이면 세균 활동이 줄고, 저장성이 높아진다.

# 참외지 참외제

**재료**

참외 5개, 집간장 3큰술, 구운 소금 1작은술

**만들기**

1. 참외 꼭지 부분을 도려내어 속을 파낸다.
2. 파낸 속에 소금을 뿌려서 햇볕에 하루 정도 말린다.
3. 참외 속이 꾸덕하게 마르면서 물이 생기면 남은 씨와 물기를 걷어낸다.
4. 3에 간장을 고루 발라서 뜨거운 햇볕에 하루나 이틀 정도 말린다.
5. 꼬들해지면 냉장 보관해 두고 먹는다.

- 햇볕에 조금 더 말리면 짭조름하면서도 달콤하고 아삭한 참외장아찌의 독특한 맛을 즐길 수 있다. 간단한 방법으로는 참외를 먹기 좋게 잘라 소금에 절였다가 물기를 짜내고 사르르 끓인 간장을 부으면 금세 먹어도 맛있는 참외절임이 된다.
- 옛날 참외는 작고 수분이 적었을 것이다. 토종 참외와 요즘 참외는 좀 다르다. 그래서 아예 참외를 반으로 쪼개 간장을 발라가며 건조시켰더니 달콤하고 쫄깃한 참외지가 되어 맛이 좋았다.

# 호박적 남과적

### 재료
늙은 호박 1/4개, 집간장 2큰술, 참기름 1큰술, 소나무 순 8개

### 만들기
1 늙은 호박은 껍질을 벗겨 손가락 하나 크기의 가지 모양으로 자른다.
2 1을 소나무 순에 꿰어 참기름, 간장을 바른다.
3 달군 팬에 굽는다.

- 호박을 소나무 순에 꿰는 순간 솔 향이 밴다. 맛과 멋이 함께하는 요리인데 호박 외에 버섯이나 애호박, 가지 등 다른 채소로도 다양하게 활용할 수 있다.

# 고춧잎볶음 남초초

### 재료

고춧잎 3줌, 집간장 2큰술, 참기름 1/2큰술, 목이버섯 4장, 참깨 2작은술, 생강 채 1작은술, 말린 귤피 채 1큰술, 회향 2작은술, 후추 가루 1/2작은술

### 만들기

1 고춧잎을 다듬어 깨끗이 씻은 다음 데쳐서 물기를 짠다.
2 냄비에 1과 간장을 넣고 고춧잎이 반 정도 익게 볶는다.
3 목이버섯과 참깨, 생강 채, 말린 귤피 채와 회향, 후추 가루를 넣고 참기름을 더하여 다시 볶는다.
4 식힌 다음 냉장 보관한다.

3-1

3-2

- 아주 고급스러운 고춧잎볶음이다. 고춧잎 대신 깻잎순이나 미나리를 써도 좋다.
- 《정조지》에서는 석이버섯을 쓰리고 되어 있는데, 여기서는 목이버섯을 대신 사용했다. 피를 맑게 해주고 혈관을 튼튼하게 해주며 혈압과 혈당을 조절하는 공통된 효능이 있다.

# 자연 그대로의 맛과 향
# 고구마밥상

고구마밥저반　고구마잎국　배추김치숭저　두부구이　홍고추소박이장만초

고구마밥은 가끔 해먹기도 하지만, '고구마 잎으로 끓인 국'은 갸우뚱할 만큼 낯설다. 고구마 잎에 대해 알아보니 단백질, 무기질, 비타민, 항산화 물질, 식이섬유가 많이 함유되어 있다. 이렇게 영양이 많은 식재료를 못 알아보고 고구마 열매만 취했으니, 풍석 선생이 보셨으면 얼마나 안타까워했을까?

《정조지》에서는 볕에 말려서 끓인 고구마잎국이 명아주와 같다 하여 미역국 대신 이 국으로 임산부 몸조리할 때 먹는다고 설명한다. "고구마 잎은 성질이 평하고 맛은 싱겁다"는 기록이 있고, 명아주 잎처럼 국을 끓인다고도 설명한다. 말린 고구마 잎에 집간장만 조금 넣고 끓인 후 그 맛이 어떨지 가슴 설레며 한 술 떠먹었더니, 달착지근하면서도 미끌한 맛이 미역국을 대신할 만했다. 특유의 향도 충분히 새로운 요리로 즐길 수 있을 만큼 매력적이었다.

고구마밥은 어릴 적에 어머니가 자주 해주셨던 대로 큼직하게 썰어 밥 옆에 얹어서 익혔는데, 연구실의 실습생들이 고구마를 2cm 정도로 깍둑썰기 하여 함께 섞어 지은 밥이 모양도 좋고 먹기에도 좋았다.

《정조지》에서는 두 가지의 고구마밥을 소개하는데 하나는 "고구마를 햇볕에 말리고 잘게 썬 다음 멥쌀과 함께 밥을 지으면 맛이 달고 오래 배부르고 허기지지 않는다" 하여 가난한 백성이 식량을 늘여 먹을 수 있는 방법이었다. 또 다른 방법은 "밥이 익으려고 할 즈음에 잘게 썰어둔 생고구마를 넣어서 함께 찌되 뜸을 들이는 정도면 된다"고 적혀 있다.

홍고추에, 후추를 넣고 버무린 두부를 박아서 간장에 절인 장만초는 매콤 짭조름한 맛이 입맛을 당겨주고, 소금물에 담근 숭저(배추김치)는 깔끔하고 시원한 맛이 인상적이다. 이 김치 국물에 겨자를 조금 넣고 국수를 삶아 먹어도 별미다.《정조지》의 김치는 고춧가루나 마늘, 젓갈 등을 요란스레 쓰지 않고도 담백하고 깨끗한 맛을 내는데, 요즘 우리 입맛에 잘 맞는 발효된 샐러드 같은 느낌을 준다.

"두부는 흑두·황두·백두에 관계없이 물에 담갔다가 맷돌에 갈아서 찌꺼기를 걸러내고 달여서 간수를 붓고 자루에 담아서 버드나무로 만든 네모진 틀에 넣어 식힌다." 이렇게 두부가 완성되면 "잘 잘라서 국을 끓이기도 하고 편으로 잘라 굽기도 한다." 두부 만들기를 보여주지 못해 아쉽기도 하지만, 두부를 잘 구워서 상에 올린 것으로 아쉬움을 대신한다. 잘 만들어진 두부는 노릇하게 굽기만 하는 것이 고소한 맛을 최대한으로 살리는 방법이다.

이렇게 국과 세 가지 반찬으로 전체적으로 깔끔하고 담백한 밥상 차림이 완성되었다. 몸 안에 쌓인 노폐물로 몸이 무겁게 느껴질 때, 자극적이지 않은 음식으로 편안하게 내 몸을 정화시키고 싶을 때 먹으면 좋을 밥상이 아닐까 싶다.

**고구마 잎**  고구마 잎은 성질이 평하고 맛이 담백하다. 국 끓이는 방법은 명아주잎국이나 콩잎국과 같다. 남쪽 지방 사람들은 고구마 잎으로 임산부를 몸조리시킨다. 만약 볕에 말려 국을 끓이면 맛이 산에서 나는 미역과 같다. 고구마 잎을 푹 쪄서 밥을 싸 먹으면 향기와 맛이 곰취에 대적할 만하다.

— 《정조지》 권4, 〈채소 음식〉

**숭저**  배추는 첫서리가 막 내린 뒤에 곧바로 거두어 일반적인 방법에 따라 싱거운 김치를 담근다. 이를 항아리에 저장하고 뚜껑을 덮은 뒤, 땅속에 묻어 공기가 통하지 않게 한다. 봄이 되어 열어보면 그 색이 새것과 같고 맛도 맑고 시원하다.

— 《정조지》 권4, 〈채소 음식〉

**두부**  두부는 한나라의 회남왕 유안이 처음으로 만들었다. 흑두·황두·백두에 관계없이 물에 담갔다가 맷돌에 갈아서 찌꺼기를 걸러내고 달여서 만든다.

— 《정조지》 권4, 〈채소 음식〉

# 고구마밥 저반

#### 재료
고구마 작은 것 2개, 멥쌀 2컵, 물 2컵

#### 만들기
1 멥쌀로 밥을 짓는다.
2 밥이 익을 때쯤 알맞은 크기로 자른 고구마를 넣고 뜸 들일 정도로 찐다. 고구마가 너무 익어서 문드러지지 않게 한다.

- 고구마밥은 맛이 달고 포만감이 오래간다. 고구마 대신 무, 미역, 감자, 가지, 호박, 콩나물 등을 활용할 수 있다.

# 고구마잎국

### 재료
고구마 잎 3줌, 집간장 2큰술, 물 6컵

### 만들기
1 고구마 잎은 씻어서 물기를 제거하고 꾸덕해질 때까지 볕에 말린다.
2 말린 고구마 잎에 물과 간장을 넣고 푹 끓인다.

- 고구마 잎은 향기와 맛이 곰취 못지않다. 고구마 잎 대신 곰취나 여러 산나물로 끓여도 좋다.
- 말린 고구마 잎국은 약간 미끌거리는 식감에서 미역국 같은 느낌이 드는데 그 맑고 담백한 맛이 좋다.

# 배추김치 숭저

90

**재료**

배추 1통, 오이 3개, 홍고추 3~4개, 굵은 소금 8큰술, 물 3ℓ

**만들기**

1. 배추는 씻어서 4등분하고, 고추는 꼭지를 떼고 오이는 그대로 씻어서 준비한다.
2. 소금물을 끓여서 배추와 오이, 고추에 붓는다.
3. 4~5일 지나서 익으면 먹는다.

- 시원하고 담백하고 깨끗한 맛이 좋다.
- 국수를 삶아서 그 위에 채 썬 배추, 오이, 고추를 얹고 겨자나 고추냉이, 오미자 발효액으로 맛을 낸 김치 국물에 말아 먹으면 시원하고 맛있는 물국수가 된다.

# 두부구이

**재료**
두부 1모, 들기름 4큰술

**만들기**
1 두부는 1cm 두께의 편으로 썰어 물기를 제거한다.
2 달군 팬에 들기름을 두르고 노릇하게 굽는다.

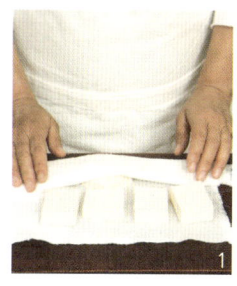 

- 고소한 두부 그 자체의 맛을 생생히 느낄 수 있다. 들기름은 비중이 낮아 쉽게 타기 때문에 팬을 달군 다음에는 불을 낮추어준다.
- 산초간장이나 산초초간장과 맛이 잘 어울린다. 들기름 대신에 산초기름으로 구워도 좋다.

# 홍고추소박이 장만초

### 재료

홍고추 4개, 두부 1/4모, 집간장 2큰술, 후추 가루 1작은술

### 만들기

1 홍고추는 씻어서 꼭지를 따고 씨를 파낸다.
2 으깬 두부의 물기를 짜낸 다음 후추 가루를 잘 섞어서 고추 속에 채워 넣는다.
3 끓인 간장을 붓는다. 바로 먹어도 되고, 냉장고에서 사나흘 숙성시킨 뒤 먹어도 좋다.

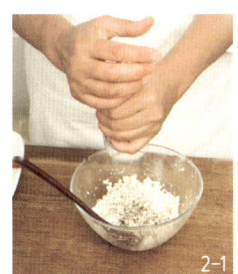

- 어린 오이를 곁들여도 좋고, 풋고추로 대신해도 좋다.

# 죽상

풍석 선생의 일곱 가지 보양죽 모두가 몸을 보하고 따뜻하게 하며 해독 작용도 뛰어나 수험생이나 정신 노동자, 스트레스로 인해 위장이 약해진 사람들, 또 어린아이나 노인, 환자 모두에게 좋다.
자기 자신을 위해서, 또 마음을 전하고 싶은 누군가를 위해서 정성 들여 쑨 따뜻한 죽 한 그릇과 정갈한 반찬은 상상만 해도 치유가 되는 느낌이다. 이렇게 결이 고운 음식을 매일 먹는 사람이라면 그 자태도 단아하고 기품이 있을 것이다.

## 죽상

### 정갈함 속의 충만함, 보양 죽상

《정조지》에서 죽鬻의 총론을 보면 "죽이라는 것은 쌀을 물 속에 넣고 끓여 흐물흐물해진 것이다. 된 것을 전饘이라 하고 묽은 것을 죽이라 한다. 빽빽한 것을 미糜라고 하고 물이 많은 것을 죽이라고 한다. 죽 중에 맑은 부분을 이酏라고 한다. 이飵와 호餬와 독䬼은 모두 죽의 별명이다"라고 되어 있다.

죽보다 좀 더 묽게 쑤어서 유아식이나 회복기 환자식으로 만든 것을 미음米飮이라고 하고, 묽은 죽을 또 다른 말로 웅 또는 응이(意苡)라고도 하는데, 이 말들이 다 죽 종류에 속한다고 보면 될 것 같다.

휘황찬란한 불빛들과 TV 때문에 해가 졌는데도 잠들 수 없는 요즘과 달리, 긴긴 밤 잠을 실컷 자고도 시간이 남아 새벽녘이면 잠이 깨고, 전날 해지기 전에 먹었던 간결한 저녁 밥상이 충분히 소화되어 새벽부터 출출한 기운이 감돌 때, 빈 속을 달래주기 위해 아침 밥상 전에 차린 초조반상 차림이 죽상이며, 그 옛날부터 우리나라의 여러 전통 상차림 중 어엿하게 한 자리를 차지하고 있는 차림 상이다.

이른 새벽부터 어르신 조반 애피타이저로 올렸던 초조반상과는 달리 허기를 달래고 식량을 불려 먹기 위해서 죽을 먹던 시대도 있었다. 내 나이 또래만 해도 쌀을 아끼느라 죽을 쑤어 먹던 경험들이 다 있을 것이다. 내 어릴 적 우리 집은 부유하지도 가난하지도 않던 살림살이지만 식구가 워낙 많은 큰집이라 어머니가 간혹 쌀을 아낀다며 콩죽이나 콩나물죽을 쑤어주신 적이 있는데, 어쩌다 먹어서 그런지 내게는 별미로 기억 속에 남아 있다.

"죽은 햅쌀이 적당하고, 묵은 것은 차지고 매끄럽지가 않다. 또 거칠게 부수어 체로 쳐서 가루를 버린 것을 파죽이라고 하는데 병자에게 가장 유익하다."《화한삼

재도회》)

"장뢰의 《죽기》에 이르기를 '매일 아침 일찍 일어나서 죽 한 그릇을 먹었다. 공복에 위가 허한 상태에서 곡기가 바로 작용하여 보하는 바가 적지 않다. 또 매우 부드럽고 기름져서 장이나 위와 서로 맞으니 음식에 있어서 가장 오묘한 비결이 된다.' 산중의 승려가 매일 죽을 한 번 먹는 것은 이해가 된다. 만약 먹지 않으면 종일 장부가 마른 것을 느낀다. 죽은 위의 기운을 통하게 하고 진액이 생기게 한다"고 했다. 요즘 수험생이나 다이어트를 위해 죽을 찾는 이들이 많아졌는데 특히 아침 죽이 몸에 좋다는 옛 말씀이 생생하게 와 닿는다.

"죽을 쑬 때는 모름지기 섶나무 혹은 콩대나 거친 쌀겨를 사용해야 한다. 잔불을 많이 보존하여 솥 밑에 모아 오랜 시간 졸이면 쌀 즙이 모두 나와서 죽은 자연히 뻑뻑해지고 맛이 있으며 사람의 장부에 가장 유익하다."《인사통》

죽을 잘 쑤려면 제일 중요한 것이 불기운인데《정조지》에서 말하는 섶불이란 잔잔한 불을 뜻한다. 콩대나 거친 쌀겨로 불을 지피면 불기운이 잔잔해질 수밖에 없다.

요즘같이 전기 쿡탑으로 조리할 때는 불기운이 6~7에서 4~5로 넘어가는 것이 적당하고 가스레인지를 사용할 때는 중간 불에서 약불로 가는 것이 좋다. 쌀 1컵(2~3인 정도 분량)을 잘 불렸다가 죽을 쑤면 20분 안에 완성된다.

불을 잘 다루는 일 외에도 재료 고르기와 좋은 물 사용이 음식을 만들 때 중요한 기술인데, 가장 단순하면서도 가상 난이노가 높은 음식으로 죽이 손꼽힐 수밖에 없는 이유도 이 세 가지 요소, 재료와 물과 불의 구성이 아주 중요하기 때문이다. 단순해 보이는 한 그릇 음식이지만 기다림을 가지고 정성들여 쑨 죽이라야 맛과 기운이다 살아난다.

　죽에 잘 어울리는 반찬으로는 맑은 국이나 찌개, 국물이 있는 맑은 김치, 양념이 세지 않은 슴슴한 반찬이 좋다.《정조지》에서 죽상에 어울리는 반찬을 찾아내느라 고심했는데 풍석 선생의 음식은 자극적이거나 강한 음식이 아니라서 어떤 반찬도 죽에 잘 어울린다. 그중에서도 특히 죽에 더 어울릴 만한 소박한 반찬을 골라서 정성 들여 쑨 죽 한 그릇과 반찬 한 가지로 죽상을 차렸다.

　풍석 선생의 일곱 가지 보양죽 모두가 몸을 보하고 따뜻하게 하며 해독 작용도 뛰어나 수험생이나 정신 노동자, 스트레스로 인해 위장이 약해진 사람들, 또 어린아이나 노인, 환자 모두에게 좋다.

　자기 자신을 위해서, 또 마음을 전하고 싶은 누군가를 위해서 정성 들여 쑨 따뜻한 죽 한 그릇과 정갈한 반찬은 상상만 해도 치유가 되는 느낌이다. 이렇게 결이 고운 음식을 매일 먹는 사람이라면 그 자태도 단아하고 기품이 있을 것이다.

**죽**

죽이란 쌀을 물 속에 넣고 끓여 흐물흐물해진 상태이다. 황제가 처음으로 곡식을 끓여서 죽을 만들었다. 된 것을 '전'이라 하고, 묽은 것을 '죽'이라 한다. 빽빽한 것을 '미'라 하고, 물이 많은 것을 '죽'이라 한다. 죽 중에 맑은 부분을 '이'라 한다. '이'와 '호'와 '독'은 모두 죽의 별명이다.

— 《정조지》 권2, 〈익히거나 찌는 음식〉

# 엄마가 그리울 때 먹는
# 쌀죽상

쌀죽갱미죽  더덕간장무침장사삼

풍석 선생이 《증보산림경제》에서 뽑아온 조리법은 "흰죽은 늦벼로 쑤어야 가장 좋다. 돌솥으로 쑤면 맛이 좋다"로 시작된다. 죽은 재료가 가장 중요한데 충분히 햇살을 머금은 늦벼가 좋다는 것이고, 죽을 쑤는 도구로는 돌솥이 좋다는 말씀이다. 나도 죽을 쑬 때 돌솥이나 파이렉스 유리 냄비를 사용하고 저을 때는 나무 주걱을 쓰는데 그러면 쌀의 향과 고소한 맛이 그대로 유지되면서 쌀알이 고루 퍼지기 때문이다.

다시 《정조지》로 돌아가면 "무쇠솥이 다음이고 노구솥이 가장 못하다. 감천수를 쓰면 더 좋다"고 하면서 좋은 물을 써야 한다고 일러주신다. "샘이 나쁘면 죽의 색이 누렇고, 제대로 되지 않는다."

끓이는 법은 흰쌀을 정미하여 여러 번 씻어 뜨거운 솥에 참기름을 떨어뜨려 대략 볶아 기름이 다 타들어 가기를 기다린다. 그 다음엔 물을 많이 붓고 섶나무 불로 계속하여 졸여 반쯤 익어 즙이 흐르려고 하면 곧 놋국자로 그 즙을 깨끗한 그릇에 퍼낸다. 또 놋국자의 등으로 아주 잘게 문질러서 쌀알이 엉기지 못하게 한다. 다시 참기름을 넣어서 고르게 저어 조금도 눌어붙지 않게 하여 끓인다. 놋국자를 이용하여 따로 퍼놓은 즙을 서서히 죽에 더하는데 추가한 즙이 졸아들 때마다 더해가며 끓여서 더할 즙이 없을 데까지 이르면 죽이 충분히 되게 된다고 세심하게 일러준다. 불현듯 감기로 앓아누워 며칠 동안 밥을 못 먹고 있을 때 어머니가 바로 이 방법으로 뽀얀 쌀죽을 쑤어주시던 기억이 떠오른다. 매우 행복한 마음으로 갱미죽을 이 방법대로 쑤었더니 아, 그 맛이란!

여기에 잘 익은 진한 간장 한두 방울 떨어뜨려 먹으면 어떤 아쉬움도 남지 않는다. 무슨 죽 무슨 죽 해도 이 뽀얀 갱미죽의 순수한 빛과 맛, 달착하고 고소한 향과 서정적인 분위기를 따를 죽이 없다. 특히 위장이 약한 사람이나 회복기 환자에게 좋지만, 나는 간혹 하얀 쌀죽과 잘 삭혀서 달착해진 종자장 한 종지를 귀한 손님에게 대접할 때가 있다. 그럴 땐 늘 감사와 탄성이 뒤따른다. 정성 들여 쑨 죽 한 그릇의 힘이 느껴지는 순간이다.

더덕을 끓는 물에 살짝 데쳐서 쓴맛을 뺀 다음 간장과 후추, 생강, 참깨를 넣어 무친 향긋한 더덕무침이 하얀 쌀죽에 잘 어울리는데, 죽 한 그릇에 찬 하나지만 모자람이 전혀 느껴지지 않는 충족감을 주는 죽상이다.

**갱미죽**

흰죽은 늦벼로 쑤어야 가장 좋다. 돌솥으로 쑤면 맛이 좋고, 무쇠솥이 다음이고, 노구솥이 가장 못하다. 감천수를 쓰면 더 좋다. 샘이 나쁘면 죽의 색이 누렇고 제대로 되지 않는다. 맑은 새벽에 이 죽을 마시면 진액이 생겨 노인에게 매우 좋다.

— 《정조지》 권2, 〈익히거나 찌는 음식〉

# 쌀죽 갱미죽

#### 재료
백미 1컵, 참기름 1큰술, 물 5컵

#### 만들기
1 쌀은 씻어 불려둔다.
2 달군 돌솥이나 냄비에 참기름을 넣고 쌀을 볶아 기름이 다 스며들기를 기다린다.
3 물 6컵을 넣고 약불로 졸여 반쯤 익어 즙이 뽀얘지면 국자로 그 즙을 그릇에 떠낸다.
4 국자의 등으로 아주 잘게 문질러서 쌀알이 엉기지 못하게 한다.
5 국자로 떠놓은 즙을 조금씩 죽에 더하여 넣고, 그 즙이 졸아들면 또 즙을 붓고 여러 차례 반복하여 완성한다.

- 이렇게 죽을 쑤면 오히려 죽을 쑤는 시간이 단축되고, 쌀알에 탄력이 생겨 더 고소하고 생기 가득한 죽이 된다.
- 하얀 갱미죽에 잘 익은 묵은 간장을 몇 방울 떨어뜨려 믹으면 만병이 나 나을 것 같은 기분이 든다. 갱미죽은 모든 죽의 왕자격이 될 만한 것으로, "아침 갱미죽 한 달 먹으면 만병이 낫는다"는 옛말도 있다.

# 더덕간장무침 장사삼

### 재료

더덕 4개, 다진 생강 1/2작은술, 집간장 1큰술, 볶은 참깨 1작은술, 후추 가루 1/2작은술

### 만들기

1 더덕은 끓는 물에 살짝 데쳐 쓴맛을 없앤다.
2 데친 더덕의 껍질을 벗겨내고 얇게 저며 썬다.
3 냄비에 간장을 넣고 사르르 한 번 끓인 후 불을 끈다.
4 끓인 간장 냄비에 더덕을 넣고 버무린다.

- 더덕을 벗길 때 뜨거운 물에 살짝 데쳐주면 껍질이 잘 벗겨진다.

## 마음과 몸을 보살피는
# 원기보양죽상

원기보양죽 양원죽　구기자잎나물 구기채

몸이 아플 때가 제일 서러운 법이다. 특히 홀로 있을 때는 더 그렇다. 그럴 때는 엄마가 만들어준 맛있는 영양죽이 생각나곤 한다. 이 영양죽은 그 이름에 걸맞게 여러 종류의 채소나 해산물, 육류 등을 넣어 만드는데, 그와 달리 풍석 선생의 원기보양죽은 다른 부재료 없이 쌀만으로도 충분히 보양이 되는 간단하면서도 영양이 꽉 찬, 에너지가 살아있는 죽이다.

만드는 방법은 찹쌀과 멥쌀을 반은 볶고 반은 말려서 가루 내어 쑤면 된다. 쌀을 볶아서 가루를 낸 후 죽을 쑤는 게 낯설면서도 색달랐는데 더 고소한 맛과 풍미를 줄 수 있겠다는 생각이 들었다.

풍석 선생의 좀 더 자세한 설명을 보면 "찹쌀 한 되 멥쌀 한 되는 누렇게 볶고, 찹쌀 한 되 멥쌀 한 되는 생으로 써서 모두 4되이다. 한 곳에서 골고루 섞어 맷돌에 잘게 갈아 가루 낸다. 포대에 저장해 두었다가 쓸 때마다 조금씩 꺼내 죽을 쑤고 꿀을 얹어 내면 원기를 보양하는 효능이 있다"고 한다.

쌀 4되를 준비하여 반은 볶고 반은 햇볕에 가실하게 말려서 분쇄기에 거칠게 갈아두면 아주 좋은 양식이 되는데 죽을 쑤면 150명 정도 너끈히 먹을 만큼 꽤 많은 양이다. 양이 너무 많다 싶으면 조금 줄여서 만들어도 되지만, 이웃과도 나누어 먹고, 또 딸아이에게도 들려 보내면 '바쁜 아침 시간에 간단하게 휘리릭 끓인 원기보양죽 한 공기로 하루 종일 든든하겠지' 싶어서 엄마 마음이 안심되기도 한다.

구기자잎나물은 여느 나물처럼 간장과 참기름만으로 무쳐도 맛있다. 쌉싸름하면서도 나물 특유의 향이 은은하게 입 안에 감돌아 구수하면서도 달콤한 원기보양죽과 아주 잘 어울린다. 색깔 또한 구기자 잎의 짙은 초록색과 원기보양죽의 노르스름한 빛이 조화를 이룬다. 먹으면 절로 몸이 좋아지고 마음도 튼튼해질 것 같은 죽상이다.

**양원죽**  찹쌀 1되, 멥쌀 1되는 누렇게 볶고, 찹쌀 1되, 멥쌀 1되는 생으로 쓴다. 모두 4되이다. 위 재료를 한 곳에서 골고루 섞은 뒤, 맷돌에 잘게 갈아 가루를 낸다. 이 가루를 포대에 저장해 두었다가 쓸 때마다 조금씩 죽을 쑤고 꿀을 끼얹어 상에 올리면 원기를 보양하는 효능이 있다.

— 《정조지》 권2, 〈익히거나 찌는 음식〉

**구기채**  구기자 싹을 양고기와 섞어 국을 끓이면 사람을 이롭게 하여 풍을 제거하고 눈을 밝게 한다. 구기자의 어린 잎과 순을 채취하여 끓는 물에 데치고 참기름을 섞어 먹는다. 4계절 중에 겨울에만 먹는다.

— 《정조지》 권4, 〈채소 음식〉

# 원기보양죽 <sub>양원죽</sub>

### 재료
찹쌀 1/2컵, 멥쌀 1/2컵, 꿀 1큰술, 물 5컵

### 만들기
1. 찹쌀과 멥쌀 각각 1/4컵은 씻어 건져서 가슬하게 마르면 볶아 준비하고, 나머지 찹쌀과 멥쌀은 씻어 말린다.
2. 네 종류의 쌀을 섞어 맷돌이나 카터기로 곱게 간다.
3. 냄비에 준비한 쌀과 물 4컵을 붓고 센불에 올린 다음, 끓기 시작하면 불을 낮춰 서서히 끓인다.
4. 죽이 완성되면 꿀과 함께 낸다.

- 찹쌀 500g, 멥쌀 500g을 준비하여 잘 씻은 다음 햇볕에 말려서, 반은 볶고 반은 볶지 않은 채로 카터에 갈아서 냉동 보관해 두면 요긴하게 쓸 수 있다. 채소 수프를 끓일 때 조금 넣어주면 좋고, 여러 재료를 넣고 죽을 끓이면 노약자나 어린 아기 이유식으로 좋다.

# 구기자잎나물 구기채

### 재료
구기자 잎 1줌, 참기름 1작은술

### 만들기
1 구기자 잎은 씻어 준비한다.
2 구기자 잎을 끓는 물에 살짝 데친다.
3 참기름에 무친다.

- 간을 하지 않은 맛이 낯설겠지만, 막상 먹어보면 구기자 잎이 지닌 특유의 향취가 입맛을 사로잡는다. 구기자 잎을 구하기 어려우면 미나리로 대신해도 된다.

향으로 먼저 먹는
# 방풍죽상

방풍죽   고사리나물

《정조지》를 만나기 전에도 방풍죽을 즐겨 만들어 먹곤 했는데, 풍을 예방하고 치료한다고 해서 '방풍'이라고 이름 붙여진 것처럼 방풍나물은 그 약성도 좋지만, 무엇보다 특유의 향과 맛이 입맛을 돌게 한다. 방풍뿐 아니라 다른 여러 나물도 죽의 재료가 되는데, 봄에는 쑥, 취나물, 참나물 등 온갖 산나물로 죽을 쑤고, 가을엔 아욱이나, 무청시래기, 호박잎, 근대 잎으로 죽을 쑤면 맛있다. 나물죽을 쑬 때 종종 치자 우린 물을 쓰기도 한다. 치자 열매에서 나는 쌉싸름한 특유의 향과 샛노란 색의 화려함이 기분까지 좋게 한다. 노란 치자물이 초록빛의 나물 잎과 아주 잘 어울리기도 하고, 염증을 삭혀주는 치자의 약성을 얻으려는 의도도 있다.

풍석 선생의 방풍죽 쑤는 과정을 자세히 살펴보면 "아침 이슬을 머금은 방풍나물의 첫 싹을 가져다 해를 보지 않게 두었다가, 정미한 멥쌀로 죽을 쑤어 반쯤 익으면 방풍나물을 넣고 끓어오르면 차가운 오지그릇에 담는다. 반쯤 식혀서 먹으면 달콤한 향기가 입 안에 가득하여 3일

이 지나도 사그라들지 않는다."《허집》

　풍석 선생이 직접 해본 것이 아니라 허균 선생의 글에서 발췌한 것으로 "방풍죽을 먹으면 3일 동안 향기가 입 안에 감돈다"고 한 것은 약간 과장한 감이 없지 않지만 방풍의 강한 향이 인상적이어서 그리 묘사한 듯하다. 방풍의 효능에 대해서는 "성질이 온화하고 독이 없으며, 맵고 단맛을 가진다. 열을 내려주고 땀을 나게 하며, 통증을 가라앉혀 준다"고 설명한다.

　《정조지》에 실린 죽들은 대부분 약성을 지닌 치료식, 예방식 들인데, 요즘은 아프지 않아도 죽을 즐기는 이들이 많아서 '죽과 샐러드'로 한 끼 가벼운 식사를 하면 다이어트식, 건강식, 미용식이 되기도 한다.

　《정조지》에서는 방풍죽에 뒤이어 갈분죽(칡죽), 상자죽(도토리죽), 강분죽(생강죽), 호도죽(호두죽), 황정죽(둥굴레죽) 등이 따라 나오는데, 이들 죽 모두 "칡, 도토리, 생강, 호두, 둥굴레 가루 낸 것과 멥쌀가루로 죽을 쑤어 꿀을 타 먹으면 좋다"고 권한다. 요즘은 유기농 가게나 생협을 통해서 이런 재료들을 구입할 수 있으니 몸을 건강하게 만들어주는 이 다양한 죽들을 자주 만들어 먹으면 좋을 것 같다.

　잘 말린 고사리를 불려서 간장과 참기름으로만 무친 고사리나물은 향기로운 방풍죽과 잘 어울린다. 자연 그대로의 맛과 향이 듬뿍 밴 심플한 죽 한 그릇과 곁들이 반찬 한두 가지로 기품 있으면서도 정갈한, 그리고 내 몸을 이롭게 하는 상차림을 일주일에 한 번씩만이라도 차려보면 조금씩 몸과 마음이 건강해지는 것을 느낄 수 있을 것이다.

**방풍죽**  아침 이슬을 머금은 방풍나물의 첫 싹을 가져다 해를 보지 않게 둔다. 곱게 정미한 멥쌀로 죽을 쑤다가 반쯤 익으면 방풍나물을 넣고, 끓어오르면 차가운 오지그릇에 옮겨 담는다. 반쯤 식혀서 먹으면 달콤한 향기가 입 안에 가득해 3일이 지나도 사그라들지 않는다.

— 《정조지》 권2, 〈익히거나 찌는 음식〉

**고사리나물**  3월에 어린 고사리를 채취한 다음 푹 찐다. 여기에 마른 재를 섞어 볕에 말렸다가 재를 씻어 버린 뒤, 다시 볕에 말려 거둔다. 먹을 때 끓는 물에 담가서 부드럽게 하고 파·기름·간장으로 볶아 익히면 맛이 좋다.

— 《정조지》 권4, 〈채소 음식〉

# 방풍죽

### 재료
멥쌀 1컵, 방풍나물 1줌, 물 5컵

### 만들기
1  방풍나물은 씻어 준비한다.
2  냄비에 불린 쌀과 물 5컵을 넣고 죽을 쑨다.
3  죽이 반쯤 익으면 방풍나물을 넣어 마저 익힌다.

- 방풍나물로 죽을 쑤면 입 안에 향이 가득해지는데, 쑥, 당귀, 오가피순, 뽕잎순, 느티나무순, 더덕순 등도 고유의 향이 있어서 죽을 쑤기에 좋다.
- 방풍나물을 잘게 썰어서 넣으면 먹기가 좋다. 또 죽을 쑬 때 처음부터 넣으면 환자식에 좋다.

# 고사리나물

#### 재료
말린 고사리 1/2줌, 집간장 1큰술, 참기름 1작은술

#### 만들기
1  말린 고사리를 하룻밤 불린다.
2  불린 고사리를 충분히 삶아 연하게 한다.
3  삶은 고사리에 간장과 참기름을 넣고 양념이 잘 스며들 때까지 볶는다.

- 말린 산나물은 따뜻한 물에 담가서 하룻밤 충분히 불려서 그대로 불에 올려 끓이면 잘 물러진다. 나물에 따라 시간이 더 걸리는 것도 있고 금세 물러지는 것도 있으니, 각 성질을 먼저 파악하는 것이 중요하다. 말린 산나물은 간장과 참기름을 넣어서 잘 버무린 다음에 익혀줘야 맛이 깊어진다.

# 위와 장을 감싸주는
# 마죽상

마죽산우죽  두릅숙회목두채

"산우山芋는 곧 마로, 산에서 난 것이 좋다. 껍질을 벗겨 돌이나 새 질그릇 위에서 진흙처럼 곱게 간 2홉에 꿀 2순갈을 넣어 뭉근한 불에 함께 볶아 아주 뜨거워지면 흰죽 한 그릇에 넣어 잘 저어 먹는다. 다른 방법으로는 마를 대나무 칼로 깎아 껍질을 벗기고 물에 담근 다음 약간의 백반 가루를 물 속에 뿌려 넣어 하룻밤 묵혔다가 씻어서 점액을 없앤다. 음지에서 말리거나 불에 쬐어 말린 다음 빻아서 체로 걸러 가루 낸 뒤 꿀물에 죽을 쑨다."

《정조지》에서는 마를 갈아서 꿀을 넣어 졸인 것을 흰죽에 넣어 먹는 방법과 마 가루를 꿀물에 타서 먹는 방법 두 가지를 알려준다.

나는 곱게 채 썬 마를 흰죽에 넣어 뜸을 들여 먹곤 했는데, 풍석 선생의 방법대로 생마에 꿀을 넣어 졸인 것을 흰죽에 넣어 먹으니 달착하게 입 안에 착 달라붙는 느낌이 들면서 참 맛있다.

마 가루를 만들어 꿀에 타 먹는 것은 마차 비슷할 것 같은데 요즘은 유기농 가게에서 마 가루를 구입할 수 있으니 손쉽게 해먹을 수 있다. 마에도 좋은 성분이 많은데 특히 숙취 해소나 위염, 위궤양 환자에게 좋다.

마죽과 함께 낸 목두채는 "나무에 가시가 없는 참두릅을 삶은 다음 물에 한나절 담갔다가 물기를 짜내고 초간장이나 기름소금에 찍어 먹는다"고 풍석 선생께서 알려주시는데, 부드러운 마죽에 비타민이 듬뿍 든 향긋한 두릅숙회가 잘 어울린다. 갓 딴 신선한 두릅을 기름소금에 찍어 먹으면 '행복하다'는 느낌이 온몸으로 퍼진다.

고소하면서 부드러운 마죽과 향기로운 두릅숙회를 먹으니 속이 금세 편안하고 누그러지면서 따스한 기운이 감도는 것 같다. 입맛 없을 때 먹으면 특히 좋은 죽이다. 두릅 대신 시금치라도 좋다.

**산우죽**

산우는 곧 마로, 산에서 난 것이 좋다. 마의 껍질을 벗긴 다음 돌 위나 새 질그릇 위에서 진흙처럼 곱게 갈아 2홉을 만들고, 여기에 꿀 2술을 넣는다.(어떤 판본에는 '우유 2종지'가 있다.) 이를 뭉근한 불에 함께 볶다가 아주 뜨거워지고 나서야(아주 뜨겁지 않으면 먹을 때 목구멍이 맵다) 흰죽 한 그릇에 넣고 잘 저어 먹는다. 다른 방법으로는 마를 대나무 칼로 깎아 껍질을 벗기고 물에 담근 다음 백반 가루 약간을 물속에 뿌려 넣는다. 하룻밤을 묵혔다가 씻어서 점액을 없앤다. 음지에서 말리거나 불에 쬐어 말린 다음 빻고 체로 걸러 가루 낸 뒤, 꿀물에 죽을 쑨다.

― 《정조지》 권2, 〈익히거나 찌는 음식〉

**목두채**

두릅에는 진짜와 가짜가 있는데, 참두릅(나무에 가시가 없는 두릅이 진짜이다)을 취하여 푹 삶은 다음 물에 한나절 담갔다가 물기를 짜내고 초간장이나 기름소금에 먹는다.

― 《정조지》 권4, 〈채소 음식〉

# 마죽 산우죽

### 재료

백미 1컵, 마 10cm 길이 1개, 참기름 1큰술, 꿀 2큰술, 물 6컵

### 만들기

1 갱미죽을 끓인다.(만들기 106쪽 참조)
2 마 껍질을 벗겨 강판에 곱게 간다.
3 곱게 간 마에 꿀을 넣어서 뭉근한 불에서 마가 뜨거워질 때까지 나무 주걱으로 잘 저어준다.
4 뜨거운 상태의 3을 미리 쑤어둔 갱미죽 한 그릇에 넣어 잘 저어 먹는다.

- 생마를 곱게 채 썰어서 넣어 먹으면 시원한 맛이 좋다.

# 두릅숙회 목두채

#### 재료
참두릅 1줌, 기름소금(참기름 1큰술, 구운 소금 1작은술)

#### 만들기
1. 참두릅을 다듬어 씻어서 데친다.
2. 데친 두릅을 한나절 동안 물에 담갔다가 물기를 짠다.
3. 기름소금에 버무려 낸다.

- 자연산 나물의 쓴맛이나 떫은맛을 우리기 위해서 찬물에 담갔다가 사용한다. 새싹들은 자신을 보호하기 위해 미량의 독소를 가지고 있는데 끓는 물에 데쳤다 찬물에 우려내면 녹성은 빠지고 악성만 남는다. 두릅 대신 아스파라거스를 삶아서 가늘게 찢고 물기를 짠 후 참기름과 소금을 넣어 무쳐도 좋다. 《정조지》에는 "초간장이나 기름소금에 먹는다"고 기록되어 있다.

## 해열과 항염을 돕는
# 녹두죽상

녹두죽  탕평채

"녹두를 질그릇에 흐물흐물하게 삶았다가 쌀죽이 조금 끓으면 넣어서 같이 끓인다."《산가청공》

"다른 방법은 먼저 생강을 넣고 달이다가 생강을 버리고 흰 꿀을 섞고 녹두를 삶아 흐물흐물하게 익힌다. 다음으로 멥쌀을 찧어서 거칠게 가루 낸다. 다음으로 찹쌀가루를 생강 즙에 반죽하여 주물러서 새알심을 만든다. 이 새알심은 멥쌀가루와 함께 녹두 즙에 넣고 고르게 섞어 다시 끓여 죽을 만든다. 완두죽이나 동부죽도 모두 이와 같다."《옹치잡지》

녹두는 성질이 차고 열독을 풀어주며 해독력이 강하다고 한다. 아이가 어릴 때 아파서 밥 먹기 힘들어하면 녹두죽을 쑤어 먹이곤 했다. 특히 감기, 몸살 뒤끝에 편도선염을 앓을 때, 열이 오르고 목이 부어 칭얼거리는 아이를 달래가면서 한 숟가락씩 녹두죽을 먹이면 열이 금세 잦아들곤 했다. 그러면 아이는 언제 아팠냐는 듯이 식은땀을 흘리면서도 뛰어 노는데, 그게 아이들의 왕성한 생명력이다. 보통 열 감기는 아이들의 몸을 깨끗하게 씻어주는 성장통일 때가 대부분이다. 이럴 때 약을 먹이고 주사 맞혀서 강제로 열을 내리기보다는 땀 흘려서 몸 안에 들어온 나쁜 기운들을 다 내보내고 해독시켜 주는 게 가장 좋고 빠른 방법이다.

그렇게 자주 쑤던 나의 녹두죽과 달리 풍석 선생의 녹두죽이 특별한 것은 생강 즙을 넣어 만든 찹쌀 새알심을 녹두죽에 넣는 것인데, 이는 녹두의 찬 성질을 중화시켜 소화를 도와준다. 녹두죽이나 팥죽의 새알심을 생강 즙으로 반죽하는 방법은 생각지도 못했는데 또 하나의 보물을 찾아낸 느낌이다.

녹두를 문드러지게 삶아서 껍질째 죽을 쑤는 또 다른 방법도 일러주시는데 평소 팥죽이나 녹두죽을 쑬 때 껍질째 죽을 쑤는 나로서는 반가운 마음이다. 그렇게 하는 이유는 일손을 덜기 위해서이기도 하고, 씹히는 식감을 좋게 하기 위해서이기도 하지만, 무엇보다 껍질째 먹는 것이 녹두가 가진 좋은 성분들을 제대로 흡수할 수 있기 때문이다.

또 다른 방법으로 오미자 즙에 녹두 가루로 죽을 쑤는 방법을 알려주셨는데 꼭 한 번 만들어볼 생각이다. 녹두죽의 반찬으로는 녹두 가루로 쑨 청포묵과 데친 미나리에 초간장을 끼얹은 담백한 나물이 잘 어울린다. 맛뿐만 아니라 미나리와 녹두의 해독력이 살아있어 해독 죽상을 차리는 데 어울리는 반찬이다.

**녹두죽** 녹두를 질그릇에 흐물흐물하게 삶았다가 쌀죽이 조금 끓으면 녹두를 넣어서 같이 끓인다. 다른 방법으로는 먼저 생강을 넣고 달이다가 생강을 버린 다음 흰 꿀을 섞는다. 또 녹두를 삶아 흐물흐물하게 익힌다. 이어서 멥쌀을 찧어서 거칠게 가루 낸다. 이어서 찹쌀가루를 생강 즙에 반죽하고 주물러서 새알심을 만든다. 이 새알심은 멥쌀가루와 함께 녹두 즙에 넣고 고르게 섞은 다음 다시 죽을 쑨다. 완두죽이나 동부죽도 모두 이와 같다.

— 《정조지》 권2, 《익히거나 찌는 음식》

**탕평채** 녹두유(민간에서는 '청포'라 한다)·돼지고기·미나리 싹을 잘게 잘라 초간장으로 버무린 음식이다. 매우 시원한 맛을 내므로 늦봄에나 먹을 수 있다.

— 《정조지》 권7, 〈절식〉

# 녹두죽

**재료**

녹두 1컵, 멥쌀 1컵, 찹쌀가루 1/2컵, 생강 1쪽, 꿀 3큰술, 생강 즙 1작은술, 물 8컵

**만들기**

1. 얇게 저민 생강에 물 8컵을 부어 향이 날 때까지 달인 다음 생강을 건져 내고 흰 꿀을 섞어둔다.
2. 녹두 1컵에 1의 생강 물을 부어 삶아 문드러지게 익힌 다음 체에 걸러 녹두 즙을 취한다.
3. 멥쌀을 찧어서 거칠게 가루 낸다.
4. 찹쌀가루는 생강 즙으로 반죽하여 새알심을 만든다.
5. 3의 멥쌀가루를 2의 녹두 즙에 넣고 고르게 섞어 죽을 끓인다.
6. 5에 만들어둔 찹쌀 새알심을 넣고 익혀서 낸다.

- 생강 삶은 물로 죽을 끓이면 녹두의 찬 성질을 온화하게 만들면서 열을 내리게 하고 해독성을 살릴 수 있다. 광저기콩이나 완두콩으로도 죽을 끓인다는 기록이 《정조지》에 나온다. 팥죽도 같은 방법으로 쑬 수 있다.
- 녹두를 무르도록 삶은 다음 불린 쌀을 넣고 끓이면 손쉽게 녹두죽을 만들 수 있다. 이때는 녹두 1컵에 위와 같이 생강 끓인 물을 붓고 무르도록 푹 삶은 다음 불린 쌀 1컵을 넣고 잘 저어가면서 끓인다. 쌀이 익어서 퍼지면 완성이다.

# 탕평채

### 재료
청포묵 1/2모, 미나리 1/2줌, 초간장(간장 1큰술, 식초 1/2큰술)

### 만들기
1 청포묵은 먹기 좋은 크기로 자른다.
2 미나리는 다듬어 씻은 다음 잘라서 끓는 물에 데친다.
3 청포묵과 미나리를 넣고 초간장으로 버무려 먹는다.

- 녹두 가루로 쑨 것이 청포묵인데 생협에서 쉽게 구입할 수 있다. 궁중 요리에서는 쇠고기, 버섯 등을 넣고 겨자장으로 무치는데, 《정조지》에서는 청포묵과 미나리, 초간장만으로 심플하게 조리해 맛이 깨끗하고 담백하다.

# 몸의 습을 조절해 주는
# 율무죽상

율무죽의이죽  무김치

율무죽은 의이죽薏苡粥이라고도 하며, 그 만드는 법을 《옹치잡지》와 《본초강목》 두 군데서 뽑아 기록한 것이 《정조지》에 있다. 그 하나는 "율무를 물에 담갔다가 곱게 간 다음 물에 가라앉히고, 찌꺼기를 걸러낸 뒤 가루를 취하여 말려둔다. 매번 조금씩 꿀물로 끓이는데, 이것이 내의원의 약방에서 하는 방법이다. 혹 찧어서 가루 낸 것은 맛이 훨씬 뒤진다." 풍석 선생이 직접 쓰셨다는 《옹치잡지》의 한 부분인데 그 내용을 자세히 살펴보지 못하고 율무를 씻어 분쇄기에 간 다음 물에 가라앉히지 않고 바로 말린 가루로 미음을 쑤었으니 맛이 뒤진다고 한 방법으로 만들어버린 셈이다. 그러나 마냥 부드럽지는 않고 약간 씹히는 맛이 살아있어 우리 입맛에는 이것도 나름 고소하고 맛있었다. 부드러운 율무 전분을 햇볕에 잘 말려서 율무죽을 다시 재현해 볼 생각이다.

또 《본초강목》의 방법으로는 "율무를 가루 내어 멥쌀과 함께 죽을 쑤어 매일 먹으면 오래된 풍과 습비(뼈마디가 쑤시는 증세)를 치료하고 바른 기운을 보하며 장과 위를 원활하게 하고 수종(몸이 붓는 증세)을 가시게 하며 가슴속의 나쁜 기운을 제거하고 근맥의 구련(근육이 오그라드는 증세)을 치료한다"고 되어 있다.

옛날에는 집안의 어른들이나 여성들이 음식으로 병을 다스리는 치료법을 웬만큼 알고 있었던 것 같다. 학문, 지식, 지혜가 삶과 연결되어 나와 남을 이롭게 하는 것이야말로 선비나 농부 집안의 덕목이었다는 것을 풍석 선생의《정조지》를 읽으면서 절절하게 느꼈다.

옛날에는 먹는 것이 곧 약이 되는 음식을 만들었고, 밥 짓는 이, 살림을 맡은 여성들, 우리 어머니, 할머니 들에게 위엄과 권위가 있었다. 살림의 중심에서 부엌과 고방을 군건하게 지키던 그 시절에 지금과 같은 생명 경시 풍조는 없었다. 무엇이든 소중히 여기고 밥알 한 개 허투루 대하지 않으면서 모든 생명체와 더불어 살아온 것이다.

이 역사성 안에서 음식 만드는 일을 업으로 삼게 된 지금의 나의 운명을 생각하며 음식을 만질 때마다 '나는 제사장, 힐러, 샤먼으로서의 나의 역할에 충실하고 만족하는가?' 스스로에게 묻곤 한다. 정갈한 죽 한 그릇을 만드는 동안 나도 모르게 스스로를 돌아보는 시간을 갖는 것, 그리고 행복한 마음으로 따뜻하고 맛있는 죽 한 그릇을 먹는 것, 이것이 진정한 힐링이 아닐까?

**의이죽**

율무를 물에 담갔다가 곱게 간 다음 물에 가라앉히고 찌꺼기를 걸러낸 뒤 가루를 취한다. 이어 가루를 햇볕에 말린 다음 저장한다. 매번 조금씩 꿀물로 죽을 쑨다. 이것이 내의원의 약방에서 하는 방식이다. 혹 찧어서 가루 낸 것은 맛이 훨씬 뒤진다. 율무를 가루 낸 다음 멥쌀과 함께 죽을 쑤어 매일 먹는다. 그러면 오래된 풍과 습비를 치료하고, 바른 기운을 보하며, 장위를 잘 통하게 하고, 수종을 가시게 하며, 가슴속의 사기를 제거하고, 근맥의 구련을 치료한다.

— 《정조지》 권2, 〈익히거나 찌는 음식〉

# 율무죽 의이죽

### 재료

율무 1컵, 꿀 2큰술, 물 5컵

### 만들기

1 율무를 물에 불려 곱게 간다.
2 1을 물에 가라앉혔다가 율무 가루를 고운 베로 걸러서 말려둔다.
3 말린 율무 가루에 물 5컵과 꿀을 넣고 죽을 끓인다.

- 《정조지》에서는 더 곱게, 맛있게 하려면 율무를 갈아서 물에 담갔다가 물에 가라앉은 앙금을 다시 고운 베에 걸러서 말린 가루를 쓰라고 설명한다. 이렇게 만든 율무죽은 죽이라기보다 율무차에 가깝다.

# 몸과 마음을 정화시켜 주는
# 차조죽상

차조죽 청량죽

"《명의별록名醫別錄》에 청량미로 죽을 쑤어 먹으면 기를 더하고, 속을 보하며, 몸을 가볍게 하여 수명을 늘여준다고 했으나 죽 쑤는 방법은 말하지 않았다. 요즘의 방법은 청량미를 백 번 씻어 노구솥 안에 물과 함께 안치고 끓이면서 졸인다. 그러다 좁쌀이 아주 문드러지면 체로 걸러 즙을 깨끗한 그릇에 담는다. 식으면 죽이 고膏처럼 굳어서 뻑뻑해진다. 여기에 흰 꿀·생강 즙을 섞어 상에 올린다. 황량죽과 백량죽도 모두 이와 같다."《옹치잡지》)

풍석 선생께서 "청량미를 백 번 씻으라"고 한 이유는 아마도 "잔모래 알갱이가 많이 섞였을 테니 조심해서 잘 씻으라"는 뜻이었을 것 같다. 요즘에야 돌 고르는 기계가 아주 작은 알갱이까지 골라내 깨알에도 잔돌 하나 섞여 있지 않으니 죽 만드는 게 훨씬 쉬워졌다.

차좁쌀에 대추와 황률(말린 밤), 생강 즙을 넣고 푹 쑤어서 거른 즙으로 오래 누운 환자를 돌보아 효과를 본 나의 차조 미음 레시피보다 풍석 선생의 차조죽이 한결 간단하다.

미음 같은 차조죽을 숭늉처럼 홀짝홀짝 마시면서 그 맛에 감탄하며 사람들이 한마디씩 한다. "아, 이건 평소에 차 대신 마셔도 좋겠어요." "만들어서 보온병에 가지고 다니면서 늘 먹어도 좋겠는데요."

어느 때부터인가 우리나라 곡물이 이렇게 다양하게 있다는 것을 잊고 살아간다. 쌀 종류만 해도 백미, 현미, 흑미, 적미, 녹미, 멥쌀, 찹쌀 등 여러 종류이고, 잡곡을 헤아려보면 시중에서 쉽게 볼 수 있는 것만도 20여 종이 훌쩍 넘는다. 더 중요한 것은 종자 식민지 상태를 벗어나기 위해서라도 우리나라 토종 종자인 잡곡들을 많이 먹고 살려내야 하는 일이다. 토종 씨앗은 자꾸 사라져가고 새로 심을 때마다 매번 수입 종자를 새로 사야 하는 불합리한 종묘 체계가 안타깝다.

차조죽이나 대추와 찰수수를 갈아 넣고 끓인 대추죽은 죽이라기보다는 수프 같기도 하고 차 같기도 한데 몸을 보하는 음식이니 음료처럼 마시면 좋을 것 같다. 이때 《정조지》에 적힌 대로 흰 꿀이나 생강 즙을 함께 곁들여 먹으면 더욱 좋다. 이유식으로도 좋고, 수험생들이나 허약한 체질의 사람은 보온병에 담아서 늘 마시면 몸이 따뜻해지면서 체력이 보강될 수 있다.

나를 위해서 하는 작은 행위 하나가 세상을 살리는 일이 되기도 한다. 나의 생명 체계가 세상 만물과 연결되어 있기 때문에 궁극적으로 '나를 잘 보살피고 돌보는 일'이 곧 세상을 돌보는 일이 된다. 이렇게 의식 전환이 일어나면 이제 나를 위하여 정성 들여 쑨 한 그릇의 죽이 가진 가치는 증폭되어서 세상에 도움을 주는 에너지로 되살아날 수 있다. 이 얼마나 멋진 일인가?

**청량죽**

《명의별록》에 "청량미로 죽을 쑤어 먹으면 기를 더하고, 속을 보하며, 몸을 가볍게 하여 수명을 늘여준다"고 했으나, 죽 쑤는 방법은 말하지 않았다. 요즘의 방법은 청량미를 백 번 씻어 노구솥 안에 물과 함께 안치고 끓이면서 졸인다. 그러다 좁쌀이 아주 문드러지면 체로 걸러 즙을 깨끗한 그릇에 담는다. 식으면 죽이 고처럼 굳어서 뻑뻑해진다. 여기에 흰 꿀·생강 즙을 섞어 상에 올린다. 황량죽과 백량죽도 모두 이와 같다.

— 《정조지》 권2, 〈익히거나 찌는 음식〉

# 차조죽 청량죽

### 재료
차조 2컵, 생강 즙 2큰술, 꿀 2큰술, 물 10컵

### 만들기
1 차조를 깨끗이 씻는다.
2 냄비에 차조와 물을 넣고 차조가 문드러질 때까지 끓인다.
3 끓인 차조죽을 체에 걸러 그 즙을 취한다.
4 뻑뻑해지도록 잠시 식힌 다음 흰 꿀이나 생강 즙을 넣어 담아 낸다.

- 차조 미음은 특히 아기 이유식이나 회복기 환자에게 좋다. 풍석 선생은 "기를 더하고 속을 보하며 몸을 가볍게 하여 수명을 늘여준다"고 말씀하신다.
- 대추 20알에 생강과 찰수수 가루를 넣고 푹 끓여서 즙을 내어 먹어도 좋다.

# 떡과 과자

요즘은 입 안에서 사르르 녹는 서양 과자가 넘쳐나서 손이 많이 가는 우리나라 과자는 잊힌 지가 오래되었다. 그렇지만 그 옛날 만들어 먹었다는 꿀 과자, 설탕 과자, 말린 과일, 과일 구이, 약 과자 등을 잘 살펴보니, 음식하는 사람으로서는 다 한 번씩 만들어보고 싶고, 우리나라 상차림에서도 아주 중요한 디저트로 애용할 수 있겠다는 생각이 들었다. 서양의 디저트보다 훨씬 건강하고 기품이 있어 음식전문가들은 관심을 가질 만하다.

**떡과 과자**

# 멋과 맛이 어우러진 우리 간식

《정조지》에서 과자에 관한 기록은 꿀 과자, 설탕 과자, 말린 과일, 과일 구이, 약 과자, 점과 등 여섯 종류의 과자 만드는 법이 있고, 떡은 따로 앞쪽에 익히거나 찌는 음식 편에 분류되어 있다. 200여 년 전 조선 시대에 이러한 간식거리를 일상으로 만들어 먹는 집은 사대부 집안이나 대농이 아니었으면 불가능하지 않았을까 싶다. 이를테면 귀족 음식인 셈이다.

요즘은 입 안에서 사르르 녹는 서양 과자가 넘쳐나서 손이 많이 가는 우리나라 과자는 잊힌 지가 오래되었다. 그렇지만 그 옛날 만들어 먹었다는 꿀 과자, 설탕 과자, 말린 과일, 과일 구이, 약 과자 등을 잘 살펴보니, 음식하는 사람으로서는 다 한 번씩 만들어보고 싶고, 우리나라 상차림에서도 아주 중요한 디저트로 애용할 수 있겠다는 생각이 들었다. 서양의 디저트보다 훨씬 건강하고 기품이 있어 음식 전문가들은 관심을 가질 만하다.

우리가 일상으로 만들어 먹을 만큼은 아니더라도 특별한 날, 생일이나 모임, 파티 상차림이 필요할 때 한두 가지 정도는 만들어 먹으면 좋겠다는 마음으로 우리 입맛에 친숙한 떡과 약과, 다식을 뽑아보았다. 그리고 《정조지》에서 꿀 과자 편에 실린 꿀수박과 꿀배, 수정과를 같이 실었다.

밀전리라는 이름의 꿀배는 예전에 궁중 요리로 배워서 가끔 먹던 배숙과 같은 것인데, 《정조지》의 꿀배는 훨씬 단순하고 배를 썬 모양도 더 좋고 맛도 깊이가 있었다.

밀전서과라는 이름의 꿀수박도 수박에 홈을 파서 계피 가루와 후추 가루와 꿀을 더하여 여러 시간 중탕을 한 음식인데, 찬 수박을 먹으면서도 속이 따뜻하고 편안한 느낌이 들어 "약이 따로 없다"는 말이 절로 나온다.

녹두 다식은 오미자 물에 녹두 가루를 담가 우려 건져서 다시 말리고 가루 내어 꿀에 버무려 다식판에 박아야 하는 번거로움이 있어서 보통 가정에서는 엄두를 낼 만한 음식은 못 되지만, 그 달콤새콤한 향기가 입 안에서 녹을 때의 느낌은 모든 과자를 지배하고도 남아서 맛이라도 한번 보이고 싶은 심정으로 책에 실었다. 풍석 선생의 《정조지》음식을 재현하면서 놀라움과 감사한 느낌이 내내 들었는데 레시피의 정확성과 맛의 기품, 약성이 느껴졌기 때문이다.

떡 편을 보면 무려 예순세 가지의 떡 찌는 법과 빚는 법이 실려 있는데 촬영 시간에 쫓겨 비교적 손쉽게 만들 수 있는 두 가지 떡만 소개하여 아쉬움이 크다. 하지만 이 두 가지 떡이 너무나 맛이 있어서 그야말로 단순소박하게 이 두 가지 떡만 먹고도 살 수 있을 것 같다. 매일 해먹는 일상 음식이 아니니 쉽게 잘 만들 수 있는 떡 레시피 두 개만 가지고 있어도 부자가 된 느낌이다.

"아! 이제는 떡을 사먹을 수 없을 거 같아요" "팥떡을 먹는데도 신물이 안 올라오고 속이 편안해요" "달지 않아서 좋아요. 진짜 맛있어요"라는 피드백을 들을 때면 더 많은 떡을 재현해 보지 못한 아쉬움이 더 커진다.

약과는 밀가루에 참기름과 꿀을 넣고 반죽하여 기름에 튀긴 것인데, 말로는 쉬운 것 같아도 입 안에서 녹는 듯한 약과 특유의 식감을 살려내기는 웬만한 전문가라도 쉽지 않다. 레시피만 가지고 되는 것이 아니라 반죽할 때 손힘을 빼는 요령을 터득하기가 쉽지 않기 때문이다.

《정조지》에 실린 약과 레시피를 처음 볼 때는 후추 가루, 계피 가루, 잣 가루가 들어가는 것이 생소했는데 그대로 해보니 맛과 향이 아주 좋았다. 이 외에도 다른 여러 종류의 과자가 많지만 일상으로 늘 해먹을 수 있는 과자를 찾다 보니 몇 가지만 소개하게 되었다. 관심이 있는 분들은 《정조지》 책을 보면서 많이 연구하고 활용해 보면 좋겠다.

**포과**

말린 고기를 '포'라고 하지만 과실을 말린 것도 '포'라 한다. 이는 얇게 쪼개서 볕에 말린 과일이 고기로 만든 음식에 말린 포가 있는 것과 같기 때문이다. 말리고 나서 가루를 낸 것을 '과유' '과면'이라고 한다. 가루 낸 것을 꿀로 반죽하여 찍어낸 것을 '과병'이라고 한다. 우리나라 사람들은 이것을 '다식'이라고 한다. 다식이란 차를 마실 때 먹는 음식을 말한다. 이 몇 가지는 모두 볕에 말려서 만드는 것으로 형태는 다르지만 종류는 같다.

— 《정조지》 권3, 〈과자〉

# 녹두다식 홍옥병

《정조지》에는 밤, 송화, 깨, 도토리, 녹두, 마, 생강, 대추 등 여덟 가지 다식 만드는 법이 나와 있다. 《정조지》와 만나기 오래전부터 다식 만들기를 즐기던 나로서는 반가운 마음이 앞섰는데, 나의 기억으로는 송화다식과 강말다식이 색과 향과 맛에서 모든 다식 중 으뜸이다.

송화 가루를 받아 우린 노란 가루와 생강을 갈아 물에 앉힌 순백의 하얀 생강 녹말, 이 귀한 두 가지 가루를 손수 장만하여 다식을 만드는 것을 최고의 자랑으로 여겼던 젊은 시절이 생각나기도 하는데, 송화를 재취하여 말리고 생강을 갈아서 녹말을 내어 볕에 말리는 일에서 손 놓은 지가 오래되기도 했고 재료를 구하기도 어려워 이 좋은 다식들을 재현할 수 없었다.

또 한편으로는 전통적인 방법을 전수하는 것도 중요하지만 더 많은 사람들이 실용적으로 할 수 있는 음식 조리법과 상차림으로 과거와 현재를 이어주는 것이 지속 가능한 전승이라는 생각이 나이가 들면서 더

깊어진 탓도 있다. 풍석 선생의 귀한 자료가 옛 이치를 깨달아 새로운 것을 이루어나가는 길잡이로 쓰이길 바라는 마음이 크다. 그래서 시중에서 구할 수 있는 것, 마음먹으면 쉽지는 않더라도 해볼 수 있는 것부터 권하고 싶다.

요즘 인터넷 쇼핑몰이나 생협에서 밤 가루, 도토리 가루, 녹두 가루, 마 가루, 생강 가루를 다 구할 수 있다. 물론 옛날 방식대로 손수 가루 내어 볕에 말린 것과는 부드러움과 맛, 색, 향에서 차이가 나지만 매연 가득한 창가에서 어느 세월에 가루를 말리고 있겠는가?

풍석 선생은 "녹두를 물에 담갔다가 갈고 걸러서 가루를 만든다. 오미자 즙에 적셔서 얇게 펴서 볕에 말린다"고 녹두 가루 내는 법을 알려주는데, 너무 손이 많이 가서 생협에서 파는 녹두 가루를 사용했다. 아쉬운 대로 쓸 만하다. 요즘엔 오미자 즙에 담그는 것도 번거롭다고 오미자 발효액으로 다식을 반죽하기도 하는데 향이나 맛은 떨어진다. 옛날에는 "연지 가루를 넣고 설탕도 섞었다." 그래서 "홍옥병이라고도 부른다"고 기록되어 있다. "칡 가루, 고사리 가루, 연근 가루, 고구마 가루로도 만들 수 있다"는 친절한 설명도 덧붙이셨다.

풍석 선생의 녹두다식 만들기가 수월하지 않게 느껴진다면, 간단하게 녹두 가루에 오미자 발효액을 넣어서 다식판에 박아 만들어도 좋을 것 같다. 어렵다고 아예 손 놓아버리지 말고 내 식대로 즐길 수 있는 방법을 찾다 보면 요리가 훨씬 즐거워질 것이다.

#### 재료

녹두 가루 200g, 말린 오미자 100g, 아카시아꿀 1컵, 물 1ℓ

#### 만들기

1. 말린 오미자를 흐르는 물에 먼지를 씻어낸 다음, 준비한 물 1ℓ에 여섯 시간 정도 담가 우린다.
2. 준비한 1의 오미자 즙에 녹두 가루를 넣어 하룻밤 담가둔다.
3. 오미자 즙이 물든 녹두 가루를 고운 베보자기에 밭쳐서 햇볕에 말린다.
4. 마르는 동안 가루가 뭉치지 않도록 손으로 잘 비벼준다.
5. 말린 녹두 가루를 다시 고운체에 내려서 꿀을 넣고 반죽하여 다식 틀에 찍어낸다. 말린 녹두 가루가 뭉쳐졌으면 분쇄기로 갈아 고운체에 내린다.

- 손이 많이 가고 건조와 분쇄가 쉽지 않아 자주 만들어 먹기는 어렵겠지만, 향미와 색감이 뛰어나고 맛이 고급스러워 차(茶)를 즐기는 사람은 만들어볼 만하다.

약과

"우리나라 사람들은 참기름과 꿀로 밀가루를 반죽하여 참기름에 튀긴 것을 약과라 한다"고 《정조지》는 설명한다. 200여 년 전 음식 책에 어엿하게 실린 약과는 지금까지도 즐겨 먹는 간식으로, 옛날 과자 중에 약과와 산자(유과)는 명절과 차례, 제사에 빠질 수 없는 주요 과자이다.

풍석 선생이 제안하신 약과 만드는 법을 찬찬히 살펴보면 "밀가루 한 말(18ℓ)을 벌꿀 한 되(1.8ℓ), 참기름 8홉(1.44ℓ)과 재빨리 고르게 반죽한다. 오래 치대거나 다지지 않는데 이는 점성이 생겨 부드럽게 되지 않을까 염려해서이나." 이 말씀을 요즘 말로 알기 쉽게 풀이하면 밀가루와 꿀과 참기름의 비율이 10:1:0.8인데 이 레시피대로 하면 반죽이 잘 뭉쳐지지 않는다. 아마도 그 당시 꿀이 묽지 않았나 싶다. 반죽이 되도록 하려면 꿀을 좀 더 넣어야 한다. 밀가루 10에 꿀 1.5~2 정도는 되어야 할 것 같다. 《정조지》에서는 자세한 설명이 빠져 있는데 밀가루에 참기름을 먼저 버무려서 기름이 잘 스며든 다음에 꿀을 넣는 게 좋다. 이때부터는 점성이 생기지 않도록 살살 버무린다. 치대면 바삭한 맛이 나지 않는다.

이렇게 손이 많이 가는 약과는 풍석 선생이 직접 만들지는 않고 여성들이 하는 걸 보면서 스케치하지 않았나 하는 생각이 든다. 다른 레시피는 정확한데 떡이나 과자 같은 것은 간단하게 설명되어 있다.

"가볍게 밀어 펴서 두께가 대략 0.05~0.06척(1.5cm가량)이 되면 네모진 편으로 자르되 크기는 마음대로 한다." 여기까지는 평소 내가 약과 만들 때의 방법과 같다. "따로 참기름 3되를 바닥이 평평한 쇠쟁개비에 붓고 바로 약과를 넣어서 섶나무를 태운 불로 튀긴다"고 하시는데, 요즘 참기름은 볶아서 짜낸 기름이라 비중이 낮아서 달구면 쉽게 타버리고 값도 너무 비싸서 참기름으로 약과를 튀길 수는 없다. 그래서 참기름 대신에 현미유를 사용했다. "섶불로 튀긴다"는 것은 약불로 튀긴다는 것인데 기름 온도가 높으면 약과가 익기도 전에 타버리기 때문이다. 튀기다가 약과가 저절로 기름 위에 뜨면 익은 것이다. 꺼내어 꿀에 적시는데 이때 꿀은 중탕으로 따뜻하게 해두어야 약과에 잘 스며든다.

"꿀이 다 스며들면 평평한 소반 위에 내어두고 바람에 식혀 저장한다. 반죽할 때 잣가루 5홉, 후추 가루 1홉, 계피 가루 3작은술을 넣으면 더욱 좋다"고 하셨는데 일러주신 그대로 해보니 부드럽고 향긋하고 맛있는 약과가 되었다.

조리 과정이 다소 많고 까다롭긴 하지만, 특별한 날 정성 들여 한 번쯤 만들어봄직한 음식이다. 흔히 사서 먹는 약과와는 격이 다른 깊은 풍미와 새로운 맛을 느낄 수 있다.

**재료**

밀가루 2컵, 참기름 2큰술, 꿀 8큰술, 잣가루 1/2큰술, 후추 가루 1/2작은술, 계피 가루 조금, 깨 가루 1작은술, 집청꿀(튀긴 약과 담그는 꿀) 1.5컵, 현미유 3컵

**만들기**

1. 밀가루에 참기름을 넣고 잘 비벼서 고운체에 한 번 내린다.
2. 1에 꿀, 잣가루, 후추 가루, 계피 가루, 깨 가루를 넣고 손으로 재빨리 반죽한다. 뭉쳐봐서 어느 정도 덩어리가 쥐어지면 알맞은 반죽이다.
3. 두께 약 1.5~1.8cm 정도의 네모난 편을 적당한 크기로 자른다.
4. 냄비에 현미유를 붓고 약불에 약과를 넣어 튀긴다.
5. 자주 뒤집어주며 지지다가 기름에 뜨면 건져낸다.
6. 집청꿀을 중탕으로 따뜻하게 만든다.
7. 튀긴 약과를 뜨거운 집청꿀에 적신다.
8. 꿀이 다 스며들면 접시에 담아 바람에 식힌다.

- 풍석 선생의 레시피에는 밀가루 1말에 꿀 1되라고 되어 있지만, 그 분량으로는 도저히 반죽이 되지 않아 꿀의 양을 늘렸다.
- 이 레시피는 《정조지》에 실린 그대로 재현한 것이다. 아주 고급스러운 풍미의 약과로, 집청꿀이나 반죽에 다진 생강을 조금 넣어주면 좋다.

# 무떡 내복병

30여 년 전 부산에서 요리 학원을 운영하던 시절, 추석을 앞두고 각 지방의 떡을 소개하는 TV 프로그램에 출연하면서 찾아낸 것 중의 하나가 경남 함안 지방의 무떡이었다. 팥고물을 뿌린 무떡의 시원하고 달착하고 부드러운 맛을 잊지 못해 가끔 해먹었는데, 《정조지》에서 다시 만나게 되어 무척 기뻤다. 그때나 지금이나 만드는 법이 다르지 않다는 게 신기할 정도이다.

《정조지》에서 무떡을 설명한 내용을 보면 "일반적으로 시루떡 중에 콩고물이나 팥고물을 쓰지 않고 단지 멥쌀가루를 써서 만든 떡을 '백설기'라고 한다. 그중에 팥고물을 켜켜이 뿌린 것을 '팥시루떡'이라고 한다. 팥시루떡 중에 무와 멥쌀가루를 쓴 것을 '무시루떡'이라고 한다. 그 방법은 무 뿌리의 껍질을 벗기고 칼로 썰어서 얇은 편으로 만든다. 이를 쌀가루와 골고루 뒤섞고 물에 반죽하여 가지런히 잘라 손 가는 대로 시루속에 펼쳐 넣고 팥고물을 켜켜이 안친다. 밤(삶아 익혀서 겉껍질과 속껍질을 벗기고 썬다)과 말린 대추(씨를 제거하고 썬 것)를 켜켜이 안친 팥고물에 뿌려 찐다. 반죽하여 가지런히 자를 때 찹쌀가루를 조금 넣어 약간 찰기를 띠게 해도 된다. 그러지 않으면 너무 말라서 푸석푸석해질 우려가 있다"고 되어 있다.

요즘 취미로 떡을 만드는 이들은 옹기 시루 하나쯤 가지고 있겠지만, 시루번을 붙이고 떼는 게 번거로워서 보통의 찜기를 이용하기도 하는데 이보다는 증기의 압력을 좀 더 높이기 위해 실리콘 패킹을 덧댄 떡찜 전용 찜기를 사용하면 20~30분 내로 포실포실한 떡을 쪄낼 수 있다. 떡을 찔 때는 증기에 익히는 것이므로 화력이 강해야 하고 익은 다음에는 뚜껑을 열어 김을 빼주어야 떡이 축축해지지 않는다. 옹기 시루에 떡을 찌는 것이 번거롭기는 해도 맛은 훨씬 좋다.

팥가루를 낼 때는 먼저 팥을 물러지도록 푹 삶아서 으깬 다음 물을 부어가며 껍질만 남을 때까지 체에 내려준다. 그 다음 팥 껍질의 물기까지 꼭 짠 다음 받아둔 팥물을 베보자기에 넣어서 물기를 짜주면 팥 앙금이 남는다. 이 팥 앙금을 팬에 올려서 약불로 말리면 팥가루가 되는데, 이때 눋지 않도록 나무 주걱으로 잘 저어주어야 한다. 사포닌이 많은 팥 껍질은 버리지 말고 꿀이나 요구르트에 개어서 얼굴에 바르면 피부를 곱게 해주는 아주 훌륭한 미용팩이 된다.

풍석 선생의 레시피를 대할 때마다 고개가 갸우뚱해질 때가 많은데 무떡의 레시피에도 쌀가루, 팥가루, 밤, 대추, 무 외에 다른 양념, 즉 소금이 들어 있지 않아서 "소금 안 넣어도 돼요?"라는 질문을 자주 받는다. 그럴 때마다 "어른이 하라는 대로 해보자. 이 음식은 풍석 선생님이 가르쳐주시는 거니까 말씀 그대로 따라보자"라고 사람들을 다독인다. 그리고 결국 매번 감탄할 만큼 정확한 레시피에 놀라곤 한다. "소금도 넣지 않았는데 이렇게 부드럽고 맛있는 떡이 된다는 게 신기해요." "정말 옛날 음식이 하나하나 단정하고 기품 있고, 재료의 맛을 그대로 살려서 그런지 자꾸 손이 가요." "이제 떡은 집에서 쪄야겠어요." 남은 떡을 서둘러 챙겨 넣으면서 한마디씩 찬사를 보낸다. 온고이지신!

### 재료

멥쌀가루 2kg, 찹쌀가루 400g, 팥가루 1.5kg, 무 1/2개, 밤 10개, 대추 15개, 물 1컵

### 만들기

1 밤은 삶아 익혀서 껍질을 벗기고 얇게 썬다.
2 대추는 씨를 제거하고 먹기 좋게 썬다.
3 무는 깨끗이 씻은 다음 나박김치처럼 얇은 편으로 썬다.
4 멥쌀가루와 무를 고루 뒤섞고 물에 버무려 고르게 비벼준다. 이때 찹쌀가루를 넣어 차지게 한다. 뭉쳐보아 적당히 덩어리가 쥐어지면 알맞은 반죽이다.
5 시루나 찜기에 베보자기를 깔고 팥가루를 뿌린 다음 4의 반죽을 펼쳐 넣은 후 팥가루를 켜켜이 안친다. 이때 밤과 대추를 팥가루 위에 박아 넣는다.
6 강한 불에서 20분 정도 찐다.

# 생강계피떡 노랄병

내가 여고를 갓 졸업하던 해부터 어머니는 순회 요리 강습을 다니셨고, 맏딸로서 도와야 했던 나는 어머니를 따라다닐 수밖에 없었는데, 그때 기억에 남는 음식 몇 가지 중 하나가 구름떡이다. 밤과 대추를 넣은 찹쌀가루를 찐 다음 달콤한 팥소와 팥고물에 버무려 썬 모양이 구름 같다 하여 그런 이름이 붙었는데, 《정조지》의 생강계피떡과 비슷한 맛이 난다. 아니, 맛으로는 생강계피떡을 따라가기 힘들다. 생강계피떡은 생강 가루와 계피 가루가 향을 더해줄 뿐만 아니라 소화를 돕고 생강의 따뜻한 성질이 찬 팥을 먹으면서도 몸을 따뜻하게 해줘 맛과 약성을 모두 만족시키는 음식이라 할 수 있다.

구름떡보다 더 맛있는 두텁편이 있는데 《정조지》의 생강계피떡은 구름떡과 두텁편의 중간쯤에 자리하면서도 "이 두 떡이 가진 맛을 다 합해도 생강계피떡을 따르지 못한다"는 것이 나의 결론이었다. 나는 소박하면서도 튀지 않는 평온한 맛과 기운을 가진 이 떡에 흠뻑 빠져버렸다. 이제는 "제일 맛있는 떡이 노랄병이네"라고 서슴없이 말하곤 한다.

《정조지》에는 "생강을 깎아 껍질을 벗기고 곱게 갈아서 즙을 얻어 흰 꿀, 계피 가루, 찹쌀가루와 반죽하여 팥가루로 만든 소를 싸서 떡을 만든다"고 나와 있다. 촬영하는 동안 '이 방법은 주악을 빚는 방법과 같은데 이렇게 찹쌀로 빚어서 찌면 처져서 떡이 안 될 것 같은데?'라는 생각이 들었지만, 일단 그대로 해보기로 했다. 결과는 예상한 대로, 시루에 안친 떡이 찹쌀의 차진 기운 때문에 다 퍼져 내려앉고 말았다. 우여곡절 끝에 다시《정조지》를 자세히 살펴보니 "팥고물꿀떡(함밀병) 만들기와 똑같은데 소에 생강 가루, 설탕을 더하면 더욱 좋다"고 나와 있었다. 다시 함밀병 만드는 법을 찾아 그대로 떡을 안치니 두텁편 만드는 방법과 비슷한 방법이고 떡도 제대로 완성되어 연구원들과 촬영 스태프 모두에게 기막힌 맛을 선사했다.

"일반적으로 찹쌀떡은 차지고 엉기어 소화가 어려우나 이 떡은 유독 그렇지 않다. 게다가 속을 편하게 하고 비장을 돕는 효능이 있다. 안돈복의 '생강과 계피 같은 나의 성질은 늙을수록 더욱 맵다'는 말에서 따다가 노랄병이라는 이름을 지었다." 풍석 선생이 친히 쓰신 책《옹치잡지》에서 발췌했다는 표지를 남긴 걸 보면 선생께서 직접 만들어본 떡이 아닐까 생각이 든다. 안돈복 선생의 "생강과 계피 같은 나의 성질은 늙을수록 더욱 맵다"는 말씀을 곱씹으면서 '늙을수록 매워지는 성질이 좋은 걸까? 늙을수록 온화해지는 성질이 좋은 걸까?' 생각해 본다. 노랄병, 잊히지 않는 떡 이름이다.

### 재료

찹쌀가루 1.5kg, 팥가루 6컵, 계피 가루 2큰술, 생강 즙 1/2컵, 꿀 2/3컵, 팥소(팥 앙금 2컵, 생강 가루 2작은술, 설탕 1/2컵)

### 만들기

1. 생강은 껍질을 벗기고 곱게 갈아서 즙을 낸다.
2. 생강 즙, 꿀, 계피 가루를 찹쌀가루에 넣어 가볍게 버무린다.
3. 팥 앙금에 생강 가루와 설탕을 넣고 소를 만든다.
4. 찜기에 베보자기를 깔고 팥가루를 안친다.
5. 준비한 2의 찹쌀가루를 팥가루 위에 뿌리고 준비한 3의 소를 동그랗게 퍼서 가지런히 놓고 그 위에 다시 찹쌀가루와 팥가루를 뿌린다.
6. 뜨거운 찜기에서 20분 정도 찐다.

- 생각보다 만들기 쉽고 소화도 잘되고 맛있다.

# 꿀배 밀전리

젊은 시절, 배우고 익힌 궁중 음식 중에 '배숙'이라는 음식이 있었다. 배 껍질을 벗겨 8조각으로 자른 배의 등에 통후추를 박고 생강과 설탕을 넣어 끓인 물에 준비한 배를 넣고 푹 익히는 것인데, 이때는 비싼 꿀보다 주로 흰 설탕을 넣었다.

이후, 껍질째 먹는 것이 몸에 이롭다는 생각이 들어 껍질째 장만하여 등에 통후추를 박아서 정제하지 않은 사탕수수 원당과 곱게 채 썬 대추를 넣고 끓였다가 차게 식혀서 디저트로 내곤 했다.

정제되지 않은 원당의 당도가 낮기 때문에 그다지 달지 않아서 먹기 좋은데, 갈색 빛을 띠면서 살짝 벗겨진 배 껍질의 노르스름한 빛깔과 빨간 대추, 갈색 시럽, 호박색 배의 속살 등이 잘 어울리는 디저트로 꿀배와 비슷한 느낌이 난다.

환절기에 감기가 들어 잔기침이 떨어지지 않을 때 생강과 콩나물을 배와 함께 넣고 꿀을 부어 중탕해서 감기약 대신 먹기도 했는데, 아주 오래전부터 배에 꿀을 부어 달여 먹는 방법이 전수되어 왔다는 것을 《정조지》를 통해 알게 되었다.

《정조지》에서 만난 꿀배는 "큰 배의 껍질을 긁어내고 가로로 잘라서 4~5개의 편으로 만든다. 1편마다 후추 3~5알을 박아 넣고 꿀과 물을 절반씩 섞어 중간불로 달인다. 배는 호박과 같은 색이, 즙은 장수漿水와 같은 색이 되면 즙과 같이 담아 낸다. 작은 배 중에 신 것은 썰지 않고 껍질만 벗겨서 통으로 달여도 된다"고 한다.

《정조지》의 방법대로 꿀배를 만들었더니 맛도 모양도 기존의 배숙보다 훨씬 훌륭하다. 음식 하나하나 디자인 감각이 뛰어나고, 맛의 감각이 살아있으며, 현대적인 느낌을 살릴 수 있는 풍석 선생의 요리법에 점점 매료되어 간다. 이렇게 꿀에 달인 배는 뜨겁게 먹어도 좋고 차게 식혀 먹어도 좋은데 배에 박힌 통후추가 살캉한 배와 함께 입 안에서 터질 때 그 향을 놓치지 않도록 반드시 후추와 함께 깨물어 먹기를 권한다. 먹으면서 바로 약이 되는 느낌, 몸이 따뜻해지면서 릴렉스되는 기분이다.

### 재료
배 1개, 통후추 20알 정도, 꿀 3큰술, 물 1컵

### 만들기
1 배는 껍질을 깎아내고 가로로 잘라서 4~5개의 편으로 만든다.
  시고 작은 배는 통으로 한다.
2 조각마다 후추 3~5알을 끼워 박는다.
3 물에 꿀과 준비한 2를 넣고 달인다.
4 배가 호박색을 띠면 달인 즙과 함께 담아 낸다.

- 가을, 겨울, 봄 환절기에 피로 회복이나 몸살, 감기 예방으로 좋은 간식이다.
- 곱게 채 썬 생강과 채 썬 대추를 함께 넣어 졸여도 좋다.

# 꿀수박 밀전서과

"좋은 열매를 벌꿀로 달여서 졸이면 신맛을 정제할 수 있고 오래 둘 수 있다. 중국 사람들은 밀전과라고 부르고, 우리나라 사람들은 정과라고 부른다. 그중에 즙과 함께 담아 내는 것을 수정과라고 한다."《옹치잡지》

흔히들 알고 있는 것처럼 '수정과'란 생강과 계피를 달인 물에 설탕과 곶감을 넣은 것인 줄만 알았는데, 200여 년 전 조선에서는 "꿀물에 달여 졸인 과일을 즙과 함께 내는 것을 수정과라 한다"고 명쾌히 정의하고 있다.

《정조지》에는 이렇게 꿀에 달인 과일 과자로 살구, 복숭아, 앵두, 포도, 대추, 배, 아가위(산사), 모과, 산딸기, 감자(유자 비슷한 종류의 과일), 유자, 연근, 생강, 오미자, 죽순, 도라지, 동아, 수박을 소개한다. 이런 과일 과자들은 국내에서뿐만 아니라 외국에서도 좋은 반응을 얻을 수 있을 테니 디저트로 개발하면 좋을 것 같다는 생각이 든다.

꿀로 달인 수박, 밀전서과를 만드는 방법은 수박의 꼭지 둘레를 둥글게 도려낸 다음, 속을 약간 파서 꿀, 계피 가루, 산초 가루를 넣고 도려낸 수박 꼭지를 다시 뚜껑으로 덮어 대꼬챙이로 고정시키고 한지로 뚜껑을 감아서 중탕을 한다. 《정조지》에서는 "24시간 정도 삶아 꺼낸다"고 되어 있지만, 실용적인 면과 경제적인 면을 생각해 중불에서 2시간 정도 중탕하여 식혀보았다. 차가운 수박하고는 또 다른 깊은 풍미가 느껴지면서 계피와 산초의 맛과 향이 기분을 돋아주는 느낌이랄까. 자칫 수박의 찬 기운이 몸을 해할 것을 고려해 따뜻한 중화제로서의 역할도 하고 있으니 맛과 건강을 모두 챙긴 약선 음료라 해야 할 것이다.

국립고궁박물관에서 풍석 서유구 선생 탄생 250주년 기념 학술 대회의가 열린 5월에, 풍석 선생의 음식 맛을 보이는 의미로 차린 다과상에 약과, 도토리, 녹두다식, 차조떡, 무떡과 함께 음료로 계피장을 준비하고, 꿀수박에 얼음을 채워 수박 생긴 모양대로 상에 올렸더니 "상상할 수 없는 맛이네요" "향과 식감이 가히 일품!"이라는 찬사를 들었다. 약이 되는 수박 디저트라고나 할까? 좀 더 예쁜 모양으로 담으면 멋진 디저트가 될 수 있을 것 같다.

### 재료
수박 1통, 꿀 1컵, 계피 가루 3큰술, 산초 가루 1큰술

### 만들기
1. 수박 꼭지 둘레를 사방 3cm 정도로 칼을 세워 도려낸다. 이때 껍질과 속은 파손시키지 않는다.
2. 꿀 1컵에 계피 가루와 산초 가루를 섞어서 도려낸 구멍에 붓는다.
3. 다 스며들기를 기다려 남은 꿀을 부어준다.
4. 다 스며들면 도려낸 수박을 다시 덮어서 한지와 대꼬챙이로 고정시킨다.
5. 솥에 손가락 3~5개 두께만큼 물을 붓고 꼭지가 위로 가게 하여 수박을 안친다.
6. 2시간 정도 중탕하여 꺼낸다.

- 풍석 선생 레시피에는 하루 정도 약불에서 중탕하라고 되어 있지만 중간불에서 2시간 중탕하였다. 찬 성질의 수박을 따듯하고 달콤하게 먹는 맛이 새롭다. 온기가 몸 안에 퍼져 몸이 찬 사람도 걱정 없이 먹을 수 있다. 여름에는 차게 해서 화채 내신 내어도 좋을 별미이다.
- 옛날 수박은 지금처럼 크지 않고 단맛도 덜했을 것이다. 되도록 작은 수박이어야 중탕하기에 좋다.(복수박도 좋다.)

음료 •

배추를 데쳐서 밀가루 풀에 발효시킨 발효 음료 배추장은 싸한 맛이 압권이었고, 오미자 즙에 콩 즙과 꿀을 타서 만든 오미자갈수는 "와! 오미자 라떼네요!"라는 탄성을 들을 만했다.
우리가 흔히 알고 있던 수정과와는 달리 계피 가루를 꿀물에 타서 일주일 동안 발효시킨 계피장을 콜라에 비할 수 있을까?
여기에 몸을 따뜻하게 하고 해독에 도움을 주는, 손쉽게 만들 수 있는 향기로운 생강귤차, 우리가 수정과라고 알고 있었던 곶감을 띄운 밀양시병까지 이렇게 다섯 가지 음료를 뽑았다.

**음료**

# 색과 향이 고운 발효 음료와 차

디저트, 간식, 차, 음료 등으로 구성되어 있는 《정조지》 3권을 보면 "끓여서 마시는 탕湯" "빚어 발효한 음료로서 장漿" "구기자나 국화 같은 것을 달여 마시는 것은 차茶가 아니다"면서 차를 소개하고, "목이 마를 때 몸이 필요로 해서 마시는 갈수渴水" "향약을 달여 익혀 만든 것은 숙수熟水"라고 알려주면서, 다섯 종류의 다양한 음료와 함께 여섯 종류의 과자를 실었다.

요즘 음식을 디자인하는 푸드 스타일리스트나 파티 플래너 같은 이들에게 "우리나라 음식에는 프랑스 음식의 디저트만 한 게 없어요"라는 푸념을 종종 듣던 내게 《정조지》 3권은 너무나 반가운 보물과도 같다. 《정조지》에 실린 이 레시피를 살려서 우리의 전통 음료와 과자를 전승 발전시키면 우리 문화를 잘 표현한 멋진 디저트가 탄생하리라는 기대감을 갖게 된다. 특히 젊은 셰프들이 더 많은 관심을 갖고 전통을 살리면서도 트렌디한 감각을 입혀 세련된 디저트로 승화시켜 주기를 바라는 마음이 크다.

《정조지》에는 음료를 만드는 식재료들을 다양하게 소개하는데, 향약香藥, 과라果蓏…… 요즘 말로 하면 약이 되는 국산 허브 종류와 과일 열매들이다. 수입된 서양 허브와 말린 과일 조각을 무분별하게 받아들여 몸에 아주 좋은 음료인 듯 마시는 요즘, 다시 한 번 신토불이의 뜻을 잘 새겨봤으면 한다. 우리나라 사람 몸은 우리나라 공기, 바람, 흙, 햇볕 그리고 이들이 만들어낸 먹을거리들로 만들어지고 자라났기 때문에 우리 땅에서 난 것을 먹어야 진짜 몸에 이롭다고 할 수 있다. 향약이란 말은 한자어라 중국의 영향을 받았다면 허브라는 단어는 영어이니 서양의 영향을 받은 것이다. 순수한 우리말 개념으로는 먹을 수 있는 향기로운 열매, 산과 들에 나는 풀과 뿌리 정도로 풀이할 수 있을 것이다.

여기서는 우리의 재료로 건강하게 마실 수 있는 음료 다섯 가지를 뽑아보았는데, 배추를 데쳐서 밀가루 풀에 발효시킨 발효 음료 배추장은 싸한 맛이 압권이었고, 오미자 즙에 콩 즙과 꿀을 타서 만든 오미자갈수는 "와! 오미자 라떼네요!"라는 탄성을 들을 만했다. 우리가 흔히 알고 있던 수정과와는 달리 계피 가루를 꿀물에 타서 일주일 동안 발효시킨 계피장을 콜라에 비할 수 있을까? 몸을 따뜻하게 하고 해독에 도움을 주는 향기로운 생강귤차와 우리가 수정과라고 알고 있었던 곶감을 띄운 밀양시병 등 익숙하면서도 조금씩 새로운 레시피가 호기심을 자극하는 메뉴들이다.

책을 만들기 위해서 혹은 화보집을 만드느라 수십 년 동안 요리 사진 촬영을 해왔지만 촬영용이라 하여 단 한 번도 허투루 음식을 만든 적이 없다. "먹는 음식을 가지고 장난쳐서는 안 된다"라는 게, 아주 오래전 《뿌리 깊은 나무》에 실린 칼럼을 읽고 나서 심저에 박힌 생각이 되어버렸기 때문이다. 눈에는 보이지 않겠지만 음식 하나하나에 담긴 하늘의 뜻과 농부의 마음, 요리사의 손길이 파동으로, 느낌으로 퍼져 나가서 책을 읽거나 사진을 보는 이들의 마음을 적신다는 걸 아는 나로서는 한 조각도 소홀히 할 수가 없다.

촬영이 끝난 다음 언제나 그 음식을 데워서 촬영 스태프와 현장에 있는 모든 사람들과 나누어 먹는다. 이때 이들이 남기는 반응이 고스란히 레시피에 담긴다. 심지어는 촬영하면서 음식이 되어가는 과정 동안 사진작가와 에디터에게 순간순간 음식을 맛보인다. 음식이 만들어지는 과정과 그 맛을 기억과 가슴에 담아서 사진과 디자인으로 표현해 주기를 바라는 무언의 욕구가 담겨 있다는 걸 맛보는 이들도 잘 안다. 그래서 우리의 촬영 공간은 늘 화기애애하다.

　풍석 선생의 음료를 촬영하면서도 예외 없이 이런 장면이 연출되었고 음료를 맛보는 이마다 놀랍다는 반응이었다. 뭐랄까? 담백하고, 청량하고, 깨끗하고, 따뜻하고, 목마름을 싹 없애주는 맛, 몸뿐만이 아니라 마음까지도 적셔주는 맛이다. 제대로 된 우리 것의 전승을 올바르게 하는 것, 이제부터라도 우리가 할 일이라는 생각이 든다.

**갈수** 갈수는 '목이 마를 때 필요한 물'을 말한다. 향약(향료)과 과일과 설탕을 담아 빚어서 만든 물로, 이것도 탕이나 장과 같은 종류이다. 지금은 만드는 사람이 드물어서, 혹 만드는 자가 있어도 '탕'이나 '장'으로만 부를 뿐 '갈수'라고 부르지는 않는다.

— 《정조지》 권3, 〈음료〉

**차** 차는 '명(차 싹)'이라는 이름으로 《신농본초》와 《안자춘추》에 이미 보인다. 그러나 그때는 좋아하는 사람이 아직 적어서, 나중에 당나라 때 흥하고 송나라 때에 성한 데 이르러서야 비로소 세인들에게 중시되었다. 기모민, 사경휴, 소식으로부터 이들이 서로 잇달아 글을 써서 차가 사람을 해친다고 비방하였다. 그러나 세인들은 왕왕 이를 의심하는 이와 믿는 이가 서로 반이 되었다. 따로 구기자나 국화 등 사람에게 유익한 것을 달여 마시는 음료에 차라는 이름을 덮어씌운다. 하지만 그 실상은 차가 아니라 바로 탕이나 장 종류다.

— 《성소시》 권3, 〈음료〉

# 오미자갈수

"갈수는 목이 마를 때 필요한 물을 말한다. 향약과 과일과 설탕을 담아 빚어서 만든 물로, 이것도 탕이나 장과 같은 종류다"라고 하는데 번역본에서는 '청량 음료'로 소개하고 있다. "지금은 만드는 이가 드물어서, 혹 만드는 이가 있어도 탕이나 장으로만 부를 뿐 갈수라고 부르지는 않는다"라고 총론에서 밝힌 걸 보면, 풍석 선생 시대에도 일반적으로 흔하게 먹을 수 있는 음료는 아니었던 것 같다.

어방갈수, 능금갈수, 모과갈수, 포도갈수, 향당갈수, 오미자갈수까지 여섯 종류의 청량 음료 레시피가 실려 있는데, 이 중에서 색과 향과 맛, 기운과 성질이 뛰어나면서도 쉽게 만들어 먹을 수 있는 오미자갈수를 만들어보았다. 그 결과는 그야말로 미소가 번지고 놀라움이 느껴지는 맛이었다.

"오미자 과육 1냥(37.5g)을 기준으로 끓인 물에 하룻밤 담가서 즙을 취한다. 여기에 진한 콩 즙을 넣으면서 함께 달이되 어우러지는 빛깔이 적당하게 한다. 달구어 익힌 꿀을 넣어서 달고 신맛이 적당해지면 뭉근한 불로 2시간 정도 달여서 식혀서 먹는다."

 콩 즙에 오미자라! 색은 상상할 수 있는데 맛은 가늠이 안 된다. '어떤 맛일까?' 매우 궁금해하면서 풍석 선생의 레시피를 따라, 먼저 끓인 물에 오미자를 하룻밤 담그고, 메주콩을 깨끗이 씻어 충분히 불려 익힌 다음 콩국수 만들 때처럼 콩 껍질을 벗겨내고 믹서에 갈아서 콩 즙을 준비했다. 깨끗한 베보자기에 밭쳐서 불려둔 오미자 물을 걸러내어 준비해 둔 콩 즙과 꿀을 섞어 다시 약불에서 달인 후 식혀서 냉장고에 두었다가 음료로 내었더니, 첫째 그 고운 빛깔에 감탄하고, 둘째 새콤하면서도 고소하고 떨떠름하면서도 감칠맛이 감도는 그 맛에 또 한 번 감탄한다. 달착지근, 쌉싸름하게 묘한 맛이 혀를 적시고 입 안을 감돌며, 주루룩 목구멍으로 내려가는 시원함! 여러 날 묵은 스트레스를 한 방에 날려주는 상쾌함이다.

 여름철엔 생협 매장에서 콩물을 구할 수 있으니 오미자만 가라앉혀도 오미자갈수를 만들기 쉽다. 특히 젊은 여성들에게 강력하게 추천하고 싶은 음료이니 꼭 한 번 만들어보길 바란다.

**재료**

말린 오미자 100g, 흰콩 1/2컵, 꿀 1컵 정도, 물 3컵+1.5ℓ

**만들기**

1. 콩 1/2컵에 물 3컵을 붓고 2시간 정도 불린 다음 삶는다.
2. 삶은 콩을 믹서에 갈아서 베보자기에 넣고 콩 즙을 거른다.
3. 말린 오미자 100g을 끓여서 식혀둔 1.5ℓ의 물에 하룻밤 담갔다가 오미자 즙을 베보자기에 밭친다.
4. 3의 오미자 즙에 2의 콩 즙을 적당히 넣으면서 빛깔을 맞춘다.
5. 4에 꿀을 적당량 넣어 시고 단맛을 맞춘 다음 2시간 정도 뭉근한 불에 달인다.
6. 차게 식혀서 먹는다.

- 이 오미자 라떼 외에도 계피 가루 달인 계장에 콩 즙과 꿀을 넣은 시나몬 라떼, 생강 달인 물에 콩 즙을 넣은 생강 라떼, 녹차에 콩 즙을 넣은 녹차 라떼도 만들어볼 수 있다. 차게 먹어도 좋고 따뜻한 차로 마셔도 좋은 건강 음료이다.
- 좀 쉽게 하는 방법으로 시판 콩물에 오미자청을 넣어 먹어도 멋지고 우아한 음료가 된다.

# 배추장 제수

"향약(향료)과 과라(나무 열매와 풀 열매)로 담가 빚어서 마시는 것은 모두 장漿이라고 불렀다."《옹치잡지》

《정조지》에는 무슨무슨 장이라고 이름 붙여진 음료들이 많은데, 쉽게 발효 음료라고 이해하면 될 것 같다.

배추장을 담가 며칠 동안 실온에 두어 완성한 후 곱게 썬 배추와 함께 먹어보았더니 그 아삭한 배추의 담백함과 발효된 국물의 적당한 시큼함이 집에서 발효해 만든 요구르트의 신선한 맛을 제압해 버려 깜짝 놀랐다. 요구르트가 신선한 우유에 요구르트 균을 넣고 실온에서 하루 정도 발효시킨 것이라면, 배추장은 연한 밀가루 풀을 실온에 두어 저절로 유산균이 생기도록 하는 것이다.

옛날부터 발효한 미생물, 유산균을 먹어온 우리나라의 발효 역사를 늘 자랑스럽게 여겨왔지만, 《정조지》를 통해 이런 발효 음료를 만나니 새삼 더 놀랍고 기쁘고 감사한 마음까지 든다. 항산화 물질이 많은 배추와 함께 발효시켜 비타민을 보충하고 약리 작용을 높인 그 발상부터 놀랍다는 생각이 든다.

군더더기 없이 깨끗한 맛의 배추장이 위장으로 흘러 들어가자마자 좋은 유산균이 온몸으로 퍼져나가는 듯한 묘한 느낌이 들면서 '장'이라는 이름을 가진 옛 선비들의 음료에 관심이 더 가기 시작한다. 그러고는 처음에 《정조지》를 읽으면서 지나쳤던 장수라는 이름의 음료들을 더 유심하게 살펴본다.

장수 만드는 법을 잘 살펴보니 "조밥을 쪄서 뜨거운 채로 냉수 속에 부어 항아리에 5~7일간 담가두었다가 시어지면 바로 먹기에 좋다. 여름의 경우는 매일 살펴보아 시어지면 곧바로 쓴다"고 알려주신다. 비슷한 방법으로 만든 배추장의 효능과 맛에 이 장수도 뒤지지 않을 것 같아 다음에 꼭 한번 만들어봐야겠다는 생각을 한다.

배추장은 아주 묽은 밀가루 풀을 쑤어서 데친 배춧잎에 붓고 4~5일 지난 다음 먹는데, 6월에 실온에 두어도 물러지거나 지나치게 시어지지 않는다. 약간 시큼해지면 냉장 보관해 두고 먹는데 당뇨나 변비, 생활 습관병 환자에게 특히 좋은 음료인 것 같다.

우리나라 사람의 체질에는 잘 맞지 않는 우유로 만든 발효 음료보다 훨씬 부드럽고 몸 세포가 받아들이는 느낌이 아주 편안하다. 그릇에 담았을 때의 느낌도 고급스럽다. 소금이나 다른 양념이 들어가지 않았으니 김치 국물 마시는 맛하고는 완전히 다른데, 음식 먹고 난 뒤끝을 야무지게 씻어주는 느낌이 식후 음료로 딱 좋은 듯하다.

**재료**

배춧잎 6장, 밀가루 1컵, 물 4ℓ

**만들기**

1 배추는 깨끗이 씻어 끓는 물에 살짝 데친다.
2 밀가루 1컵을 4ℓ의 물에 풀어 끓인다.
3 작은 항아리에 데친 배추와 밀가루 끓인 물을 넣는다.
4 5~7일 숙성해서 시큼해지면 먹는다.

- 일종의 밀 요구르트 같은 음료라고 보면 된다. 플레인 요구르트처럼 시큼하고 농도는 묽다. 배추를 채 썰어서 띄워 낸다. 소화를 돕고 장을 활성화시키는 효과가 있다.

# 계피장 계장

"여름에 마시면 번갈을 풀어주고, 기운을 보태고, 담을 삭인다. 먼저 물 2말(1말은 1.8ℓ)을 달여 1말을 취한 다음 물이 식으면 새 오지병에 넣고 계피 가루와 흰 꿀을 넣고 200~300번을 휘젓는다. 먼저 기름종이로 위를 한 겹 덮고 7겹을 더하여 봉한 후에 매일 한 겹씩 벗겨내어 7일이 되어 개봉하면 향기가 나고 맛이 좋아서 품격과 운치가 매우 높다."《도경본초》

계피 가루와 꿀이 만났으니 어떤 맛을 낼지 상상이 가지 않는가? 계피장을 발효시킬 준비를 하는 동안 향과 맛이 좋을 것이라는 기대가 앞선다.

일주일 동안 즐거운 마음으로 매일 항아리를 덮은 기름종이(생협에서 쉽게 살 수 있다)를 벗겨내면서 드디어 마지막 날, 뚜껑을 열고 그 은은하게 퍼지는 향과 함께 맛을 보았을 때 목구멍으로 넘어가는 부드러움. "이래서 끓인 수정과보다 발효시킨 계피장이 훨씬 품격이 있구나!" 절로 깨달음이 온다.

계피 가루는 항아리 바닥에서 약간 엉긴 모습으로 발효되어 있는데, 음료를 맑게 마시려면 윗물만 따라내어 마시고, 가라앉은 계피 가루가 아깝고 그 약성을 취하고 싶으면 휘저어 함께 마시면 된다. 이 밖에도 대여섯 종류의 다른 발효 음료도 있지만 만드는 법이 조금은 복잡하여 덮어두었다.

계피장을 빚는 또 다른 방법으로 약간 복잡한 레시피를 소개하는데, "적복령 껍질을 벗기고 가루를 낸다. 이것만 유독 근수를 기록하지 않아서 연구해 봐야 한다"고 설명한 것을 보고 미소가 번진다. '정치가, 행정가, 학자로서, 또 백성들의 지도자로서 평생에 걸쳐 《임원경제지》를 저술하는 동안 하나하나 실험하고 기록하는 진지한 태도, 그리고 정직성, 그 순진함과 순수함. 그런 분이니 이런 책을 남기셨구나.' 마치 가까이에서 풍석 선생을 뵙는 듯 존경심이 일고 친근감이 드는 순간이다.

"아내도 아이도 없어서 이 책을 잘 보관하고 유지하는 데 걱정"을 하신 선생께서 두 세기가 지난 오늘, 엄청나게 번성한 후손들이 선생의 정신과 삶의 태도를 본받고 싶어 한다는 걸 알면 얼마나 뿌듯해하실까?

**재료**

계피 가루 5g, 꿀 1컵, 물 4.5ℓ

**만들기**

1 물 4.5ℓ가 반으로 줄어들 때까지 달인다.
2 용기에 달인 물, 계피 가루, 꿀을 넣고 200~300번 정도 철썩철썩 치면서 휘젓는다.
3 기름종이 7장으로 용기를 봉한다.
4 매일 한 겹씩 벗겨 7일째 개봉한다.

2-1

2-2

3

- 풍석 선생은 "여름에 마시면 번갈을 풀어주고 기운을 보태며 담을 삭인다. 향기롭고 맛이 좋으며 품격과 운치가 매우 높다"고 일러준다.
- 계피 가루에 꿀과 끓인 물을 부어 발효한 것으로 톡 쏘는 맛이 아주 고급스러운 음료이다.

# 수정과 밀양시병

202

《정조지》에서는 밀양시병 만드는 법을 절기 음식을 다루는 장에서 소개하는데, 우리나라 절식 중에 1월 설날 음식으로 떡국과 강정 그리고 수정과를 준비하여 세배하러 오는 손님에게 내는 세찬(손님 접대용 술상)과 함께 대접했다고 한다. 설날엔 떡국이 주인공이지만 강정과 수정과도 빠뜨릴 수 없다고 기록하고 있다.

밀양시병蜜釀柿餠. 꿀물로 빚은 곶감, 수정과. 그런데 지금까지 알고 있던 계피 달인 물과 생강 달인 물을 섞어서 설탕을 넣고 다시 한 번 끓여 곶감을 띄운 수정과와는 그 만드는 방법이 다르다.

"생강은 껍질을 벗기고 얇은 편으로 썰어, 후추를 거칠게 부수어서 생강과 함께 노구솥에 넣고 물을 부어 2~3번 끓도록 달인 다음 사기 항아리에 담아둔다. 흰 가루가 많이 붙은 좋은 곶감을 넣고 주둥이를 봉하여서 하룻밤 묵히면 먹을 수 있다. 먹을 때마다 꿀을 타고 잣을 띄워 상에 올린다."《옹치잡지》

설탕을 넣고 달인 수정과보다 이렇게 발효 과정을 거친 밀양시병의 맛이 훨씬 깔끔하고 고급스럽다.

풍석 선생의 음식을 하나하나 만들 때마다 "아 그렇지!" 하고 무릎을 칠 만큼 재료의 성질과 맛이 잘 살아있고 부재료와의 조화가 절묘하다는 생각이 든다. 몸을 따듯하게 해주고 해독성이 있어서 나쁜 것이 몸 안에 쌓이지 않도록 막아주는 음식들이다.

산업화, 도시화, 문명화되면서 뭐든 '빨리빨리' '대충대충' '편리하게' 만을 추구해 온 지금, 생명의 원천인 밥상마저도 그렇게 '얼른얼른' 먹어치우는 잘못된 습관이 우리의 몸뿐만 아니라 마음까지도 공허하고 우울하게 만들고 그 결과 지병이 넘쳐나는 것 아닐까? 먹는 것이 곧 나의 몸을 만들고 의식에 영향을 끼친다. 먹는 음식에 따라 감정의 흐름이 달라지고 감정을 조절하는 힘도 달라진다. 풍석 선생의 음식은 우리의 잘못된 밥상 습관을 고쳐서 건강을 되찾고 생명 에너지의 흐름을 좋게 하는 데 큰 도움을 주는 것 같다.

수정과는 많은 사람들이 곧잘 만들어 먹는 음료이니 이제부터는 풍석 선생의 레시피대로 만들어보면 어떨까? 200년 전 우리 조상들이 먹던 음식을 지금의 내가 먹는다는 느낌이 뭔가 새롭고 기분 좋아지는 느낌을 줄 것이다.

**재료**

곶감 10개, 저민 생강 10조각, 통후추 5알, 꿀 1컵, 잣 1큰술, 물 2ℓ

**만들기**

1 생강은 껍질을 벗기고 얇은 편으로 썬다.
2 후추는 거칠게 부순다.
3 냄비에 생강과 후추를 넣고 물을 부어 2~3번 끓도록 달인다.
4 항아리에 담고 곶감을 넣어서 하룻밤 묵힌다.
5 먹을 때마다 꿀을 타고 잣을 띄워 낸다.

- 계피 나무 껍질 달인 물과 생강 달인 물을 섞어서 설탕을 넣고 다시 끓여 곶감을 넣어 먹는 수정과와 달리 밀양시병은 후추를 넣는 게 특징이다. 수정과보다 맛이 더 개운하고 깨끗하다.
- 밀양시병에 넣는 곶감은 너무 단단하게 바싹 마른 것보다 약간 말랑한 것이 좋다.

# 생강귤차 <sub>강귤차</sub>

《정조지》의 음료 편에서는 열여섯 종류의 차를 소개하는데, 만들기 쉽고 간단해서 사람들이 잘 만들 수 있겠다 싶은 것으로 국화차, 구기자차, 유자차, 포도차, 당귀차, 순차, 녹두차가 있었다.

국화차 만드는 법은 "이미 핀 좋은 국화를 따서 푸른 꽃받침을 떼어 내고 꿀에 담가 촉촉하게 하여 녹두 가루에 묻혀 낸다. 끓는 물 속에 넣어 잠시 데쳐서 꺼내어 다시 꿀물에 넣어 마신다."

생강죽력차는 "먼저 꿀을 달여 여러 번 끓으면 생강 즙 큰 것으로 한 숟가락, 죽력 1숟가락을 넣고 다시 끓으면 꿀을 타서 마시는데 흉격胸膈(가슴 속 횡경막)의 담을 잘 내려준다." 여기에서 죽력은 대기름, 푸른 대쪽을 불에 구워서 받은 진액을 뜻한다. 담이 마르고 뭉쳐서 열이 나고 가슴이 답답하면서 살증이 나는 증상에 약재로 쓰인다.

유자차는 "유자 껍질의 흰 속을 제거하고 좋은 배의 껍질과 씨를 제거하여 모두 잘게 잘라서 실처럼 만든다. 석류 조금과 같이 꿀물에 넣어서 마신다."

　포도차는 "포도와 무르익은 배를 같이 짓이겨 부수어 즙을 취한다. 생강 즙과 같이 끓인 물 속에 부어 식혀서 꿀을 타서 마시면 맛이 매우 좋다. 그러나 과음하면 기침을 일으키기 쉽다."

　당귀차는 "입춘 때 움에서 기른 당귀를 취하여 칼로 3푼(1cm 정도) 길이로 잘라서 미지근한 꿀물에 넣어 마시면 향기가 입 안에 가득하다. 개골산의 승려가 당귀의 줄기와 잎, 산포도와 석밀을 취하여 나무통 속에 담가 목이 타고 답답하면 임의대로 마셨다."

　순차는 "사월중에 아직 피지 않은 순채의 어린잎을 따서 오미자 즙에 넣어 꿀을 타서 마신다." 순채는 수련과의 여러해살이 물풀로, 어린잎은 좋은 식재료가 된다.

　녹두차는 "녹두를 깨끗이 씻어 끓는 물 속에 넣어 잠시 달여, 녹두는 건져내고 물을 취하여 꿀을 타서 마신다. 녹색을 띠고 맛은 맑으며 위의 열을 풀어준다."

　그중에서도 가장 쉽게 재료를 구할 수 있고 맛과 향이 좋을 듯한 생강귤차를 직접 만들어보았는데 은은하게 입 안에 감도는 향취가 기분을 좋게 해준다. 말린 귤피 채 3돈(1돈은 3.75g), 생강 5조각, 작설(녹차) 1돈을 함께 달여 찌꺼기는 걸러내고 꿀을 타서 마신다. 풍석 선생은 "과식이나 소화불량으로 음식물이 위에 정체되어 생긴 병이나 담이 몰려 한 곳에 뭉쳐서 생긴 병에 효능이 있지만 오래도록 먹을 수는 없다"고 설명하신다. 직접 먹어보니 꿀을 타지 않고 그냥 마시는 게 향이 더 좋은 것 같았다. "귤병(귤의 과육) 잘게 자른 것 2돈, 생강 잘게 자른 것 1돈을 함께 달여 찌꺼기를 걸러내고 마시면 담을 삭이고 흉격을 시원하게 해준다"는 귤생강차도 쉽게 만들 수 있을 것 같다.

### 재료
말린 귤피 채 4g, 저민 생강 2조각, 작설차 1g 정도, 꿀 조금, 물 1.5ℓ

### 만들기
1 말린 귤피 채와 생강, 작설차를 함께 달인다.
2 찌꺼기를 걸러내고 꿀을 타서 마신다.

- 식적과 담체를 잘 열어준다. 담을 삭이고 흉격을 맑게 한다.
- 작설의 찬 성질을 귤피 채와 생강을 더해서 온화하게 해준다. 재료의 좋은 성분을 균형을 잡아서 약성을 높여준다.

# 술

술은 모든 식재료 중에서 으뜸이라 할 수 있는 곡류에서도 그 정기만을 뽑아낸 것이므로 정화 중의 정화라고 할 만하다. 옛날 주부들은 손님 접대에 술을 빠뜨리지 않았고, 주안상에서 오간 술잔 수를 기록해 남길 정도로 한 잔 한 잔을 소중하게 여겼다. 마시고 먹는 것이 흔한 시대에 살고 있지만, 우리가 살아가는 연유를 살펴보면 술 한 잔을 대할 때마다 감사한 마음이 절로 일어난다.

## 술

# 삶의 여유와 격조가 있는 전통주

20세기 이전만 해도 우리나라에서는 집집마다 술을 빚었는데 농사일의 시름을 덜어주는 농주農酒, 신을 불러일으키고 만나게 해주는 제주祭酒, 아프고 고달픈 몸과 마음을 낫게 하는 약주藥酒, 입맛을 돋우어 소화를 돕는 반주飯酒를 가까이했다. 잃어버린 100년의 술 역사에서도 집에서 직접 빚는 행위만 빠졌지 술의 효용은 우리 곁을 떠난 적이 없다.

19세기 중엽에 완성된《정조지》는 일제 강점기 이후에 술빚기가 집 밖으로 내몰리기 전의 우리의 삶의 모습을 그대로 보존하고 있는 귀중한 자료이다. 이를 토대로 직접 빚어서 차려낸 주안상을 경험해 보면 잃어버린 삶의 여유와 격조가 다시금 되살아남을 느낄 수 있다. 집에서 제사 지내고 손님을 접대하던 사회에서 이런 기능들이 집 밖에서 수행하는 방향으로 변화하면서 주안상이라는 개념 자체가 멀어져갔다. 모든 일이 한 방향으로 치우치다 보면 다시 돌아오기도 하는 법인지라 주안상의 외식화가 극에 달하자 주안상을 살리려는 움직임도 일어나고, 여기에 '귀중한 자료'인《정조지》가 큰 힘이 되고 있다.

《정조지》권1의 〈음식 재료 요점 정리〉 '양념류'에서는 술 항목을 따로 두고 술의 성질과 작용, 장점과 폐해 등을 정리하였고, 권7의 〈술〉에는 부의주나 소곡주 등 쌀로 빚은 청주 종류인 이류醴類 17종, 호산춘이나 동파주 등의 이양주 혹은 삼양주를 지칭하는 주류酎類 5종, 삼해주나 청명주처럼 계절의 기운을 빌려서 빚은 시양류時釀類 14종, 도화주나 송순주 등 꽃잎 및 일체의 향료를 빌어 빚는 향양류香釀類 12종, 산사주와 포도주 등 나무 열매와 풀 열매로 빚는 과라양류菓蓏釀類 6종, 죽통주처럼 빚는 방법이 보통 방법과는 다르게 물이나 불, 대나무나 흙을 이용하여 빚는 이양류異釀類 5종,

술은 세이레나 두이레가 지나야 익는 것이 보통이지만 그중에 계명주나 삼일주처럼 하루 이틀이나 사나흘이 지나면 익는 것도 있는데 열흘 이내에 익는 것을 모은 순내양류旬內釀類 10종, 백주와 홍주를 모은 제차류醍醝類 5종, 이화주나 백료주 등의 탁주를 모은 앙료류醠醪類 5종, 감주나 왜미림주 등 단술 계통의 예류醴類 4종, 감홍로나 과하주 등 소주 계통의 소로류燒露類 20종, 도소주나 오가피주 등 약재로 빚은 약양제품藥釀諸品 62종 등 총 165종이 수록되어 있다. 이 12가지 분류는 현대인들의 분류 체계인 소주, 청주, 막걸리, 담금주 등을 포괄하면서도 재료나 빚는 방법에 따라 세분화한 것이다.

《임원경제지》 내의 다른 지에서 술에 대한 기록을 찾아보면 《인제지仁濟志》와 《보양지葆養志》에 수록된 정보가 훌륭하다. 《인제지》 권25의 〈채취하는 시기〉 '곡부穀部'에는 술, 소주, 술지게미에 대한 정련된 정보를 수록했다. 여러 본초서를 정리하여 술은 맛이 쓰면서 달고 매우며 성질은 매우 뜨겁고 독이 있고, 효능은 약 기운을 돌게 하고 모든 나쁜 기운을 없애고 혈맥을 통하게 하고 피부를 윤기 나게 하면서 습기를 흩어낸다. 소주는 맛이 맵고 달면서 성질은 매우 뜨겁고 독이 매우 많고, 효능은 냉적冷積을 삭이고 습담濕痰을 말려주며 곽란을 치료한다고 한다. 하지만 많이 마시면 위가 망가지고 담을 상하며 정신을 잃게 하고 수명을 덜어낸다고 경계하였다. 술의 부산물인 술지게미에 대해서는 맛이 달면서 맵고 독이 없고, 효능은 중초를 따뜻하게 해주고 음식을 소화시키며, 타박상으로 어혈이 생긴 곳에 붙이며 벌독이나 뱀독에 바른다고 되어 있다. 《보양지》 권5의 〈약음식의 복용〉 '약주'에는 인삼주, 구기주, 무술주 등 34가지 약이 되는 술 처방을 싣고 효능을 밝히고 있으며, 빚는 방법은 《정조지》에 수록

되었음을 밝혔다.

술 빚는 재료는 쌀과 누룩과 물을 기본으로 하고 각기 다양한 변주가 가능하다. 쌀은 주로 잘 익은 찹쌀을 수확하여 되도록 곱게 정미하여 깨끗하게 씻어낸 후 물에 담가서 불린 다음 시루에 쪄서 식힌 고두밥을 쓴다. 누룩은 삼복더위에 디딘 것을 최고로 치며 술 빚기 전에 사흘 정도 낮에는 볕을 쬐고 밤에는 이슬을 맞혀 힘을 키운 다음 곱게 부수어 쓴다. 물은 주위에서 가장 맑고 깨끗한 것으로 하고 빚기 전에 팔팔 끓여 식힌 후에 쓴다. 좋은 쌀과 힘이 센 누룩, 깨끗한 물이 적당한 온도에서 잘 어우러져 알코올이 생성되고 숙성이 잘되면 아픈 사람이 일어나며 노인도 활력을 찾고 고된 농사에 지친 농부도 힘을 내게 된다. 낯선 이도 오랜 친구로 만들며, 몸과 마음을 새롭게 해준다.

술은 모든 식재료 중에서 으뜸이라 할 수 있는 곡류에서도 그 정기만을 뽑아낸 것이므로 정화 중의 정화라고 할 만하다. 옛날 주부들은 손님 접대에 술을 빠뜨리지 않았고 주안상에서 오간 술잔 수를 기록해 남길 정도로 한 잔 한 잔을 소중하게 여겼다. 마시고 먹는 것이 흔한 시대에 살고 있지만, 우리가 살아가는 연유를 살펴보면 술 한 잔을 대할 때마다 감사한 마음이 절로 일어난다.

**술의 기원**

세상 사람들이 술의 기원에 대해서 말하는 설에는 다음과 같은 다섯 가지가 있다. 하나: "의적이 처음으로 술을 만들었다는 설로, 우임금과 동시대의 일이다." 하나: "요임금은 1,000잔의 술을 마셨다 했으니, 술은 요임금 시대에 만들어졌다." 하나: "《신농본초》에서 술의 성질과 맛을 저술했고 《황제내경》에서도 술은 사람이 병에 걸리게 한다고 했으니, 의적에게서 시작된 것이 아니다." 하나: "하늘에는 주성이 있으니, 술의 제조는 천지의 역사와 함께한다." 하나: "두강이 술을 만들었다."

— 《정조지》 권7, 〈술〉

# 부의주

부의주浮蟻酒는 동동주의 한자식 표현이다. 그렇다고 현재 우리가 접하는 동동주가 부의주와 같은 술이냐고 묻는다면 아니라고 대답할 수밖에 없겠다. 하지만 누룩에 삭은 지에밥이 개미처럼 술 위에 뜬 모양을 형상화한 것은 영락없다. 청주로 분류되는 부의주는 용수(술을 거르는 데 쓰는 도구)를 박아 맑은 부분만 떠내면 맑은 술이지만 그냥 짜내면 탁주가 된다. 취향에 따라 선호하는 바가 다를 것이나 각기 특장점이 있어 두루 경험해 봄직하다.

부의주는 찹쌀과 밀누룩과 물로 한 번만 빚어서 술이 완성되는 단양주單釀酒이면서 사흘 만에 주 발효가 끝나므로 기본이 되면서 간편한 술이라고 할 수 있다. 그렇다고 주질이 떨어지지도 않는 훌륭한 술이며 더운 날씨에 어울리는 술이므로 남부 지방의 대표 술이라고 할 만하다. 그에 반해 추운 북부 지방에서는 상대적으로 소주의 인기가 더 높다.

《고사촬요攷事撮要》를 인용한 부의주 레시피는 다음과 같다. "찹쌀 1말로 지에밥을 지은 뒤 그릇에 담아 식힌다. 물 3병을 팔팔 끓여 식힌다. 누룩가루 1되를 미리 물에 개어둔다. 누룩 갠 물을 다시 지에밥과 고루 뒤섞어 독에 넣는다. 사흘 밤을 묵어야만 익는다. 술을 맑게 가라앉힌 후에 거르지 않은 술의 밥알을 조금 띄워 쓰는데, 그 모양이 마치 개미 알이 떠다니는 것과 같다. 맛이 달고 독하여 여름날에 딱 맞다."

《산림경제보山林經濟補》를 인용하여 누룩 처리에 대한 약간 다른 레시피를 소개하고 있는데 누룩가루를 하루 일찍 물에 담가뒀다가 술을 빚을 때 체로 거른 물만 고두밥과 혼화해 주면 맛이 오묘하다는 내용이다. 직접 비교 실험을 해봤지만 그 미세한 차이를 감별하기에는 역부족이었다. 후일의 연구를 더 기다려볼 일이다.

용수를 이용하여 맑게 떠낸 청주 상태의 부의주와 그대로 짜낸 탁주 상태의 부의주는 풍미가 다르므로 상을 차릴 때 고려할 필요가 있다. 탁주도 오래 고요히 두면 맑은 부분과 탁한 부분이 확연히 분리되므로 마시는 방법에 따라 청주와 탁주를 모두 경험할 수 있다. 또한 부의주 빚기에 익숙해지면 집집마다 마시는 사람의 입맛에 따라 단맛과 신맛, 쓴맛의 정도를 조절할 수 있으며, 물을 가미하여 도수와 농도를 조절할 수도 있으니 그야말로 맞춤형 주류라고 하겠다. 술이 되어가는 여러 가지 조건의 변화에 따라 무궁무진한 변주가 가능하기에 와인처럼 다양한 경험이 가능하다.

### 재료

찹쌀 1말, 누룩 1되, 물 5.4ℓ

### 만들기

1 찹쌀 1말을 씻어 불린 다음 찜기에 쪄서 지에밥을 짓는다.
2 지에밥을 잘 펼쳐서 식힌다.
3 물 5.4ℓ를 팔팔 끓여 식힌다.
4 3의 물에 누룩가루 1되를 넣고 갠다.
5 4에 지에밥을 더하여 손으로 치대주며 고루 뒤섞는다.
6 용기에 5를 담고 면보로 입구를 막은 뒤 25℃ 되는 실온에서 3~4일 정도 발효시킨다. 두꺼운 천(이불이나 옷 등)으로 용기를 감싸 온도를 유지시킨다.
7 용수를 박아 맑은 술을 담아 내고 그 위에 밥알 건더기를 조금 띄운다. 용수가 없을 때는 끓는 물로 소독한 국자로 맑은 윗술을 조심히 떠낸다.

# 소주

소주는 불을 때서 내리므로 화주火酒, 알코올을 음차해서 아랄길주阿剌吉酒, 이슬이 맺히듯이 알코올이 망울져 떨어지므로 노주露酒 등으로 불린다. 증류를 거치면서 맑고 알코올 도수가 높은 술로 거듭나며 숙성 기간이 오래될수록 주질이 향상되는 특성이 있다. 과학 기술의 발전에 힘입어 인류사에서 최근에 등장한 편이다. 소주가 발명되면서 술은 상할 염려가 없고 상한 술도 고급스러운 맛을 내도록 재창조할 수 있게 되었다. "맑기가 물과 같고 맛은 매우 진하고 독한 것"이 특징이다.

메탄올은 무색의 액체로 끓는점 64.96℃로 매우 유독해서 마시면 실명하거나 죽는다. 반면 에탄올은 끓는점 78.5℃로 적당량을 마시면 유익한 효능을 발휘하기도 하지만, 많은 양을 섭취하면 죽을 수도 있다. 메탄올이 되었든 에탄올이 되었든 사람을 죽일 수 있다는 점에서는 동일하며 조선 시대에는 소주가 사약으로 사용되기도 했다. 소주를 증류할 때 처음 맺혀서 떨어지는 부분에는 끓는점이 낮은 메탄올이 혼입될 수 있으므로 조심해야 한다. 이런 내용을 알 리가 없는 소주 전래 초기의 조상들은 소주를 마시고 사망에 이른 경우도 많았다.

소주의 위와 같은 극단적인 위험성도 조심해야 하지만 증류를 거치면서 안정화되지 않은 상태에서 마시면 우리 몸의 이상 반응을 자아내기에 숙성이 잘된 소주를 마시는 것이 좋으며 알코올 도수가 높으므로 안주를 잘 받쳐서 먹는 것이 좋다.

안주는 음저飮儲라고도 하는데 명나라 말의 사상가인 원굉도袁宏道(1568~1610)의 〈상정觴政〉을 인용하여 청품淸品의 신선한 대합, 술지게미에 절인 꼬막, 술에 담근 게, 이품異品의 곰 비계, 서시유西施乳, 부품賦品의 새끼양구이, 거위새끼구이, 과품果品의 잣, 행인杏仁, 소품蔬品의 신선한 죽순, 햇부추로 구분하였다. 이 정도의 안주라면 소주를 마시는 데 부족함이 없겠지만, 시골의 가난한 선비라면 질동이에 푸성귀만 갖추어도 높은 경지를 손상시킬 수 없다고 보았다.

### 재료
부의주 20ℓ, 물 3ℓ, 시루번(밀가루 3컵, 물 1/2컵)

### 만들기
1 소주 고리를 잘 씻어 준비한다.
2 소주 고리와 입이 잘 맞는 솥에 물 1ℓ를 붓고 중불로 가열한다.
3 물이 끓으려고 하면 부의주 1ℓ를 솥에 붓고 약한 불에 눌어붙지 않게 잘 저어준다.
4 솥의 물이 끓으려고 하면 물 2ℓ를 천천히 부어준다.
5 끓으려고 할 때마다 술을 2ℓ씩 천천히 부어준다.
6 밀가루에 물 1/2컵을 넣고 반죽해서 기다란 시루번을 만든다.
7 준비한 술을 다 붓고 끓어오르려고 할 즈음 솥 위에 소주 고리를 얹고 미리 준비해 둔 시루번으로 솥과 소주 고리 사이의 틈을 막아준다.
8 소주 고리 주구注口에 술 담을 용기를 받쳐놓고 소주 고리 냉각기에 찬물을 붓는다.
9 증류된 술이 조금씩 주구에서 떨어지는데, 냉각기 물이 뜨거워지면 수시로 찬물로 갈아주면서 소주를 내린다.
10 간간이 소주 맛을 보면서 더 이상 알코올 기운이 없다 싶으면 중단한다.
11 받은 소주는 잘 섞은 다음 밀폐해서 실온에서 숙성시킨다.

• 부의주에 물을 넣어 희석하는 이유는 솥에 눌어붙지 않게 하기 위해서이다.

# 막걸리

막걸리만큼 우리 술의 간판으로 알려진 술은 없을 것이다. 청주도, 소주도 그 자리를 넘보기에는 턱없이 모자란다. 하지만 막걸리가 똑 떨어지는 우리 술인지는 애매한 구석이 없지 않다. 이런저런 논란을 차치하고 막걸리가 우리 술의 대표 주자로 자리매김한 이유는 가장 친근하게 우리 민족이 부담 없이 애용하던 술이었기 때문이다.

막걸리는 물을 첨가해서 거른 술을 지칭한다. 어원적으로 '막'을 '마구', '바로 지금', '마지막' 중 어느 것으로 보느냐에 따라 청주를 떠내지 않고 그대로 마구 짜낸 술이라는 의미와, 지금 바로 짜낸 술이라는 의미, 용수를 박아 여러 번 떠내고 마지막으로 물을 섞어 걸러낸 술이라는 의미로 나눠서 이해할 수 있다. 첫 번째 의미로 이해하더라도 물을 섞는지 여부에 따라 섞지 않은 경우에는 탁주로 지칭하고 섞은 것을 막걸리로 이해하는 것이 더 일반적이다. 마지막으로 이해할 경우에는 반드시 물을 섞어서 짜내게 된다. 어떤 식으로 해석하더라도 막걸리는 자루나 체를 이용해서 짜내므로 탁한 상태를 유지하게 되며, 주로 물을 타서 알코올 도수를 낮추고 술 양을 많이 늘리는 것을 특징으로 한다.

어린 시절 자가 양조는 금지되고 면 단위마다 하나 정도의 술도가가 영업을 하던 시기에는 주전자만 들고 막걸리를 사러 가기도 하고, 대형 자전거에 흰 플라스틱 술통을 싣고 배달을 다니던 모습을 일상적으로 볼 수 있었다. 영양분이 풍부하고 도수가 낮아 부담 없는 농주로 활용되면서 시대적 책무를 다하였으나, 농주가 아닌 영역에서는 주질 때문에 소주와 맥주, 양주에 턱없이 밀리게 되고 지역의 양조장은 하나둘 사라지게 되었다. 최근 들어 자가 양조가 합법화되고 맛과 영양적인 측면에서 우수한 막걸리나 청주에 대한 관심이 높아지면서 집에서 빚어 마시는 사람들이 늘어났다.

좋은 쌀과 우리 땅에서 자란 밀에 다양한 효모로 접종된 믿을 만한 국산 누룩, 깨끗하고 균형 잡힌 물로 막걸리를 빚어낸다면 맛과 영양, 여유와 건강을 동시에 잡을 수 있을 것이다. 쌀을 씻으면서 나오는 다량의 쌀뜨물, 미용 효과까지 탁월한 누룩이나 고운 술지게미, 장아찌를 만드는 좋은 재료가 되는 술지게미, 청주, 소주, 막걸리, 식초 등으로 활용이 가능한 부의주 등은 술을 빚으면서 누릴 수 있는 여러 유익의 시작일 뿐이다. 이런 유익함들에 기대다 보면 좋은 요리가 탄생하고 농사에 대한 관심까지도 불러일으키며 몸에 대한 깊은 관심과 애정도 가질 수 있을 것이다.

### 재료

부의주 술지게미 1독 1말(1독에 찹쌀 1말을 넣고 빚은 술의 술지게미를 기준으로 함), 물 4ℓ 내외

### 만들기

1 숙성된 부의주에 용수를 박아 더 이상 고이지 않을 때까지 여러 번 떠낸다. 용수가 없을 때는 끓는 물에 소독한 국자로 윗술을 조심히 떠낸다.
2 준비한 물을 술지게미가 남은 독에 붓고 잘 저어준다.
3 물과 섞인 술지게미를 체로 걸러 낸다.
4 거른 막걸리는 용기에 넣어 냉장 보관한다. 3일 이상 숙성한 후에 먹으면 맛이 더 좋다.

- 막걸리는 탄산이 다량 발생하므로 유리병에 보관하면 터져서 깨질 수 있다. 친환경 플라스틱 용기에 담고 주기적으로 열어주어 터지는 일이 없도록 한다. 항아리에 담으면 터질 염려가 없다.
- 단맛은 떨어지지만 며칠 두면 탄산이 다량 발생해 톡 쏘는 맛이 있어 여름에 알맞다.

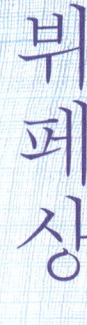

# 뷔페상

풍석 선생의 음식으로 소박하고 간결하게, 깨끗하게 나누어 먹을 수 있는 뷔페상을 차려보았다. 《정조지》에서 요즘 구할 수 있는 재료로 채소 음식만을 추리다 보니 밥, 국, 반찬, 다과, 음료 등을 다 합해도 예순 개가 채 되지 않지만, 단순소박한 뷔페상인 만큼 세 가지 상차림을 구성하는 데는 부족함이 없었다.

# 간결하면서도 풍성한 모임 밥상

1990년대부터 음식 쓰레기 문제가 크게 불거지면서 정부에서는 요식업자, 전문가, 교수, 담당 공무원, 요리 선생 들을 모아 회의를 열곤 했지만, "반찬 수를 줄여야 한다"는 의견과 "식당에서는 경쟁 때문에 그럴 수 없다"는 의견이 대립되면서 회의는 늘 탁상공론으로 끝나고 말았다.

이때 나는 밥상 문화 그 자체를 바꾸지 않으면 음식 쓰레기 문제가 해결될 수 없다고 생각했다. 손님 접대는 "상다리가 휘어지도록 음식이 풍족해야" 하고, 여러 종류의 음식을 한꺼번에 큰 상에 올려 이리저리 휘저으며 먹는 것이 두레상의 좋은 인심이라고 여기던 시절이었다. 그렇게 휘적거려 먹고 남은 음식은 그대로 음식 쓰레기로 버려졌지만 그런 일이 아무렇지 않게 여겨지곤 했다.

이즈음부터 내게는 음식 만드는 이로서의 자긍심이 사라져가고 먹고사는 방식에 대한 근본적인 의문이 괴로움으로 변하고 있었다. "산다는 게 뭔가?" "왜 먹는가?" "어떻게 살아야 하는가?" "내가 디딘 땅과 내가 먹는 물과 공기가 이래도 좋은가?" 여러 가지 총체적인 문제들이 서로 얽혀 내 삶에 좀 더 구체적인 질문을 던지기 시작했고, 그 많은 질문들을 감당하지 못해 음식 만드는 손을 놓아버리고 산속으로 도망가 한동안 요리를 하지 않고 살았다. 그때는 불에 익히지 않은 음식 위주로 먹고 살면서 간결하고 군더더기 없는 행복한 삶을 누릴 수 있었는데 '너무 많이, 너무 잘 요리해서' 먹지 않는 생활 방식이 오히려 존재의 자긍심을 높여주는 단서가 되기도 했다.

그러다 몇 년 후 나는 도시로 돌아왔고 다시 요리를 하기 시작했다. 하지만 예전 같은 요리, 예전 같은 상차림으로 돌아간 것은 아니었다. 음식을 만드는 행위가 삶 따로, 일 따로, 놀이 따로가 아닌 하나의 삶으로 꿰어지면서 나는 순간순간을 즐길 수 있게 되었다. 딱 먹을 만큼만 준비하기, 넘치지 않게, 복잡하지 않게, 쉽고 가볍고 재밌게 요리하기, 그렇게 살기로 삶의 콘셉트를 바꾸었더니 틈새에 갇혀 있던 행복이 제 모습을 드러내었다.

그렇게 처음에는 밥 한 그릇, 반찬 두 개로 나 혼자 간결하게 먹고사는 걸로 족했는데, 어느 때부터인가 슬슬 내방객이 늘면서 손님과 함께 밥 먹을 일이 잦아지고, 나 혼자 먹을 때보다 접대용으로 반찬 한두 개를 더 얹어 내는 일이 많아졌다. 반찬이 두 개 이상 밥상에 오르면 밥맛을 제대로 느낄 수 없어 만족스럽지 못한 나로서는 아무리 귀한 손님이 와도 서너 개 이상의 반찬을 내어놓기는 어렵다. 그래도 여러 명의 손님이 오거나 모임용의 잔칫상을 차려야 할 때는 뷔페 상차림을 준비한다. 먹을 만큼만 덜어 먹기 때문에 음식이 남아도 이후에 다시 먹을 수 있어 실용적이다.

우리나라에서는 손님 진지상이 개다리소반에 얹은 삼첩반상, 독상 정도는 되어야 품격 있다고 여긴 풍습이 있었지만, 그때는 대가족 생활 방식이라 남은 밥상을 가족의 서열에 따라 물리고 물려 남김없이 깨끗하게 먹던 시절이었고 음식을 버리는 일은 생각할 수 없는 시대였다. 못 먹어서 탈이 아니라 너무 넘쳐서 탈인 지금의 시대에조차 옛날 방식의 상차림이 전통이니 이어가야 한다고 여긴다면, 머지않아 먹고살면서 내어놓은 쓰레기 더미 위에 사는 정도를 넘어 쓰레기 더미를 머리에 이고 살아야 할지도 모른다. 그러지 않기 위해서는 상차림이 간소해져야 한다. 한 그릇 밥, 한 그릇 음식으로 밥상 차림이 변해야 한다.

이제는 되도록 소박하게 먹고 절제된 삶을 사는 사람이 많아질수록 건강하고 살기 좋은 세상이 될 것이다. 풍석 선생께서 백성들의 풍요로운 삶을 염원하며《정조지》를 내어놓은 지 두 세기가 지났다. 진흙 속에 묻힌 진주도 꿰어야 보배가 되듯이, 약성 가득한 품격 있는 옛날 음식을 살려내 시절에 맞게 재구성해서 지금 바로 먹을 수 있다면 얼마나 좋은가.

풍석 선생의 음식으로 소박하고 간결하게, 깨끗하게 나누어 먹을 수 있는 뷔페상을 차려보았다. 《정조지》에서 요즘 구할 수 있는 재료로 채소 음식만을 추리다 보니 밥, 국, 반찬, 다과, 음료 등을 다 합해도 예순 개가 채 되지 않지만, 단순소박한 뷔페상인 만큼 세 가지 상차림을 구성하는 데는 부족함이 없었다.

크고 작은 모임을 으레 식당에서 가져왔으나 코로나 19 이후로 문화가 많이 바뀐 지금, 좀 수고스럽긴 해도 어른 생신이나 집들이, 아이들 생일, 여러 모임 등을 집에서 정성스럽게 장만해 보면 어떨까? 마음먹기에 따라서는 생각만큼 어렵지 않고 보람과 기쁨은 두 배 이상 늘 테니 요리하는 마음 또한 가벼워질 것이다.

어른 생신 상차림으로 원기보양죽과 방풍죽, 혼돈반과 상추밥 그리고 나물, 꿀배, 떡 등을 준비했고, 회식용이나 집들이 상차림은 마죽, 통신병, 개말가지, 남과적, 송초전, 연잎밥 등으로 차렸다. 공부 모임이나 동아리 모임용으로는 보리밥에 두부구이, 파산적, 배추김치, 오미자갈수, 약과 등으로 상을 차렸다. 물론 이것은 하나의 상차림 모델일 뿐이고, 진정한 의도는 200여 년 전 선비, 풍석 선생이 알려준 레시피로 이렇게 요즘식의 상차림을 꾸려 맛있게 멋지게 기분 좋게 먹는 것이 충분하고 가능하다는 걸 보여주는 데 있다.

뷔페상은 전채에서 주식, 후식까지 한 상에 한꺼번에 올리는 점이 우리나라에서 손님 접대용으로 차리던 교자상과 비슷하다. 우리나라 교자상에서 손님 앞에 각각 진지와 수저를 올리는 것과 달리, 뷔페상은 커다란 그릇에 음식을 담아 자기가 먹고 싶은 만큼 각자의 식성에 따라 덜어 먹는다는 점이 다르다. 턱하니 앉아서 상을 받는 것만 못할지는 모르겠지만 각자의 식성대로 먹도록 존중해 주는 점에서 뷔페가 합리적이고, 먹을 만큼만 덜어 담으면 버릴 음식이 생기지 않아 친환경적이고 경제적이다.

모이는 사람들의 연령, 성별, 모임의 성격, 시간, 장소에 따라 메뉴 계획이 다를 수 있다. 전채로 죽 한두 가지, 담백한 김치 샐러드, 요리로는 적, 부침, 조림, 나물 등을 상에 올리고 밥과 국, 절임 반찬을 곁들인다. 후식으로 발효 음료나 익힌 음료, 떡이나 한과를 곁들인다.

상차림할 때 흰색이나 색깔 있는 천을 테이블에 깔기만 해도 분위기를 확 잡아주니 테이블 세팅에 많은 부담을 갖지 않아도 된다. 거기에 음식과 잘 어울리는 그릇만 준비하면 멋진 뷔페 상차림을 할 수 있다. 여기에서는 어디에나 멋지게 어울리는 천연 염색한 삼베, 모시와 여러 무명천 그리고 놋그릇, 백자, 옹기, 막사발 등 우리 전통 그릇으로 단아하면서도 고급스러운 분위기를 연출했다. 이 그릇들과 옷감들도 상 위에 오른 음식 재료와 마찬가지로 흙, 물, 바람, 공기, 불로 만들어졌고, 이 재료를 섞어서 만들어낸 장인의 손길까지 담겨 있으니 "이 모든 것들이 어우러진 밥상에 우주가 담겨 있다"고 자랑할 만하지 않은가? 이런 우리나라 음식, 우리나라 작품들로 세상 사람들의 마음을 적셔줄 수 있다면 풍석 선생도 빙긋이 웃으시리라.

# 손님 초대 뷔페상

율무죽의이죽  가지지  생강지짐통신병  호박적남과적  두릅숙회목두채  다시마튀각송초전
연잎밥  고구마잎국  더덕간장무침장사삼  겨자가지지개말가지  고춧잎볶음남초초
꿀수박밀전서과  생강귤차강귤차  녹두다식홍옥병

손님 접대를 집밥으로 하는 일이 줄어들고 바깥 음식점에서 치르는 것이 다반사가 되었지만, 식재료의 불안정성과 식품 첨가물에 대한 걱정, 그리고 코로나19 이후 최근에는 다시 집밥에 대한 관심이 높아지고 웬만한 모임은 집에서 하려는 사람들이 많아지고 있다. 그래서 손이 덜 가는 간단하면서도 부담 없이 차릴 수 있는 손님 초대 뷔페상을 차려보았다.

전채로는 습열을 없앤다는 율무죽과 항산화 물질이 많은 가지로 꾸리고, 요리로는 몸을 따뜻하게 하는 생강지짐인 통신병, 늙은 호박을 소나무순에 꿰어 기름장을 발라 구운 호박적, 두릅숙회, 다시마를 튀긴 송초전 그리고 연잎밥과 고구마잎국, 더덕간장무침, 말린 가지지 그리고 고춧잎볶음, 후식으로는 꿀과 계피, 후추 가루로 재워서 중탕시킨 꿀수박, 생강귤차, 녹두다식으로 차렸다. 젊은이들도 "독특하고 오묘한 맛이 나서 먹을수록 손이 간다"고 하는 몸에 좋고 맛도 있는 건강한 뷔페 상차림이다.

# 생일 뷔페상

원기보양죽양원죽  방풍죽  무김치  탕평채  국화잎샐러드자국묘  고사리나물  송이적  상추밥
영양밥혼돈반  미나리국벽간갱  오이소박이장황과  검정콩조림흑두초  무떡내복병  배추장제수  꿀배밀전리

속을 따뜻하게 하고 위를 부드럽게 어루만져주는 전채로 고소한 숭늉을 떠올리는 원기보양죽과, 풍을 예방·치료한다는 향기로운 방풍죽을 준비하고, 찬 음식으로 샐러드 대신 시원한 무김치를 내었다. 미나리 향과 청포묵이 어울리는 깔끔한 맛의 탕평채, 기품과 향기, 약성을 모두 만족시키는 국화잎샐러드 자국묘, 익힌 나물로 고사리나물, 구운 요리로 송이적을 준비한다.

  식사로는 충을 없애고 해독에 좋다는 말린 상추 잎과 고소한 참기름으로 맛을 낸 상추밥, 누구나 좋아하고 생일밥으로 딱 좋은 혼돈반, 피를 맑게 해주는 청량감이 도는 미나리국과, 반찬으로는 두부를 속에 박은 오이소박이 장황과와 귤피, 생강, 다시마, 버섯, 후추, 꿀을 넣고 조린 보약 같은 검정콩조림 흑두초를 낸다. 후식은 요구르트보다 더 좋은 발효 음료 배추장과 감기·기침 예방에 좋은 꿀배, 그리고 소화가 잘되는 무떡이다. 메뉴를 정하여 상을 차리고 보니 영양적으로든 약성으로든 에너지가 높은, 궁합은 물론 모양새도 멋진 뷔페상이 되었다.

# 소모임 뷔페상

차조죽청량죽  죽순구기자잎국삼취갱  배추김치숭저  파적총적  두부구이  구기자잎나물구기채
고구마밥저반  보리밥  참외지참외제  홍고추소박이장만초  오미자갈수  약과

고향 생각, 엄마 생각이 나는 소박한 뷔페상이다. 전채로는 걸쭉하고 구수한 차조죽과 죽순, 버섯, 구기자 잎으로 끓인 삼취갱, 발효 샐러드 같은 배추김치, 요리로는 통밀 가루에 간장을 넣어 반죽한 파적, 담백한 두부구이, 구기자 잎으로 만든 나물 구기채, 고구마밥과 보리밥, 참외지, 홍고추소박이 장만초, 그리고 갈증을 적셔준다는 오미자 라떼 오미자갈수와 약과로 마무리한다. 전체적으로 깔끔하고 개운한 맛으로 가볍게 즐길 수 있는 뷔페 상차림이다.

# 코스상

우리 문화의 진수가 담긴 음식, 옛 선비들이 먹던 간결하고 우아한 한국 전통 음식을 다른 나라 사람들에게 선보이고 싶다는 소박한 마음과 가장 한국적인 것, 그 단아함과 소박함, 자연주의가 깃든 생활 방식, 우리 정신 깊은 곳에서 흘러나오는 여유로움을 나누고 싶은 바람에서, 풍석 선생의 레시피로 새로운 상차림을 마련해 보았다. 이것은 또 다른 시도이며 제안이기도 하다.

# 단아하고 품위 있는 코스상

한 상 가득 차린 손님 초대상도 좋지만, 좀 더 간단하면서도 정갈한 상차림을 위해 코스상을 준비했다. 또 우리의 비빔밥, 불고기 등이 해외에서 인기가 많은데, 이러한 대중적인 음식들과 더불어 우리 문화의 진수가 담긴 음식, 옛 선비들이 먹던 간결하고 우아한 한국 전통 음식을 다른 나라 사람들에게 선보이고 싶다는 소박한 마음과, 가장 한국적인 것, 그 단아함과 소박함, 자연주의가 깃든 생활 방식, 우리 정신 깊은 곳에서 흘러나오는 여유로움을 나누고 싶은 바람에서, 풍석 선생의 레시피로 새로운 상차림을 마련해 보았다. 이것은 또 다른 시도이며 제안이기도 하다.

이러한 상차림은 음식을 만드는 이, 시중을 드는 이, 먹고 즐기는 이가 나누어지는 밥상으로 좋은 형태는 아니겠지만, 누군가를 위해 더 정성 들여 밥상을 차릴 때나 귀한 대접을 하고 싶을 때 이렇게 공을 들이고 마음을 다한 흔적이 음식 맛과 모양새, 담음새 곳곳에 배어 있다면 먹는 이도, 만든 이도 모두 흡족한 시간을 가질 수 있을 것이다.

서양식의 코스 상차림에서는 입맛을 돋우고 위를 부드럽게 준비시키는 전채로 시작해, 점차 차가운 요리에서 뜨거운 요리로, 가벼운 요리에서 짙은 요리로 넘어가며 순서에 따라 요리를 즐기고, 마지막에는 입 안에서 사르르 녹는 달콤한 후식과 차로 마무리한다.

이 책에 실린 쉰 개 남짓한 음식으로 전채와 요리, 밥상, 후식으로 나누어 메뉴를 다듬을 수 있었다.

《정조지》 음식들은 하나같이 자극적이지 않고 양념 맛이 두드러지지 않아서 몸을 편안히 해주고 군더더기 없는 깔끔한 맛을 지녀 코스 상차림 구성이 어렵지 않다.

전채로 속을 편하게 해주는 담백한 죽과, 서양의 샐러드를 대신한 발효 채소, 입맛을 살려주는 요리로는 구이와 전, 무침 종류 등을 내고, 든든한 밥상으로는 영양이 가득한 영양밥과 은은한 향이 좋은 연잎밥, 그리고 국과 나물, 조림류 등을 선택했다. 마지막으로 후식으로는 음료와 다과를 준비했다. 전채에서 후식까지 맛과 색감 약성을 고려해서 차린 훌륭한 코스 상차림이 완성되었다.

　상차림을 준비할 때는 '어떤 메뉴를 선택할까?'가 주된 관심사이지만 메뉴가 정해지면 손님 접대를 위한 마음의 표정을 잘 나타내고 싶어서 테이블 세팅에 정성을 들인다. 여기서는 서양식 상차림에서처럼 식탁 위의 개인용 매트를 사용하되, 우리 색의 아름다움을 맘껏 표현한 천연 염색 모시로 은은한 향취를 더하고, 유기그릇과 백자, 푸른색 그림이 그려진 청화, 짙은 갈색의 옹기, 소박한 멋이 담긴 분청 등 한국의 멋이 흠뻑 밴 아름다운 그릇으로 전체 분위기를 잡았다.

　음식이란 모름지기 맛이 좋아야 음식으로서의 의무를 다하는데, 음식의 맛을 더해주는 데는 단지 음식 그 자체의 맛만이 아니라 음식 모양과 색, 향, 맛과 더불어서 그릇과 수저, 상의 모양과 색도 큰 역할을 한다.

　가끔씩 이렇게 퍼포먼스를 펼치듯 밥상 차림을 즐긴다면 일상에 재미와 활력을 주지 않을까? "산다는 것은 변화를 받아들이고 즐기는 것, 움직임 그 자체가 하나의 춤처럼 운율을 타는 것"이라고 여기는 내게 음식을 만드는 행위, 먹는 행위는 그 자체가 삶의 충만함과 아름다움을 드러내는 의미 있는 일이 된다. '일과 삶과 놀이가 하나가 되는 삶' 그것이 '예술' 아닐까?

　이렇게 《정조지》 음식으로 코스상을 차리니 우리 고유의 정서와 느낌이 물씬 풍거 나오며 불현듯 풍석 선생이 흐뭇하게 미소 짓는 모습이 떠오른다. 한 상 흐드러지게 차려 배불리 먹는 음식도 좋지만, 이렇게 간결하게 먹는 밥상은 여유로움과 가벼움을 선사해 좀 더 편안한 식사 시간을 즐길 수 있을 것 같다. 소박한 음식으로 속을 조금 덜 채우고 그 여백을 음식을 나누는 사람들과의 대화와 정, 그 속에서의 행복감으로 채워보는 건 어떨까?

정鼎은 오미五味를 조화시키는 그릇으로, 발이 셋이고 귀가 둘이다. 정鼎이라는 글자는 위쪽은 솥의 모양을 본떴고, 아래쪽은 장작을 지피는 모습을 본떴다. 삼례三禮를 조사해 보면 정에 담는 것은 모두 희생의 몸체이다.
……

조俎는 희생을 올리는 그릇이다. 조俎라는 글자는 반육半肉(반으로 나누어진 고기)을 본떴다. 반육은 고기를 반으로 갈라 자른 것이다.
……

예서禮書를 조사해 보면 조에 희생을 올려서 바로 바친다. 그러나 《한서》의 '도조刀俎'에서 '조'는 또한 도마를 일컫기도 한다. 다만 우리나라 사람들은 정이 음식을 끓이는 솥이라는 사실은 알면서, 조가 희생을 올리는 제기라는 사실은 알지 못하니, 그 지식이 엉성하다.

― 《정조지》 서문 중에서

# 모심 코스상

마죽산우죽　무김치　송이적　파적총적　생강지짐통신병　두부구이　영양밥혼돈반
죽순구기자잎국삼취갱　구기자잎나물구기채　참외지참외제　녹두다식홍옥병　배추장제수　꿀배밀전리

전채로 마죽과 무김치를 준비했다. 군더더기가 붙지 않은 깔끔하고 고소한 갱미죽에 꿀을 넣어 덖은 마를 올리니 입 안에 녹는 듯한 식감이 인상적이어서 전채로 모자람이 없다. 여기에 서양의 샐러드 못지않은 산뜻한 무김치를 곁들여 입맛을 살려주는 전채를 마련했다.

뒤이어 아무런 양념도 하지 않은 담백한 두부구이, 감초를 넣어 지진 생강 요리 통신병, 간장과 참기름으로 가볍게 버무려 구운 새송이적, 파삭하고 고소한 파적을 입맛 달래주는 요리로 선택했는데, 이때는 그릇도 따듯하게 데워서 음식이 따끈하게 나갈 수 있도록 세심한 배려가 필요하다.

찹쌀과 밤, 대추를 섞은 영양밥에 달착찹조름한 참외지, 씁싸름한 향기가 감도는 구기자잎나물, 죽순과 표고의 향이 깔끔한 죽순구기자잎국으로 밥상을 준비한다. 후식으로는 효모가 가득한 발효 음료 배추장과 꿀에 달인 배, 그리고 녹두다식으로 색감과 향과 약성을 두루 채웠다. 부드러운 맛으로 시작해, 달콤함으로 마무리한 코스상이다.

전채 | 마죽, 무김치

요리 | 송이적, 파적, 생강지짐, 두부구이

**식사** | 영양밥, 죽순구기자잎국, 구기자잎나물, 참외지

**후식** | 녹두다식, 배추장, 꿀배

# 조촐한 모임 코스상

차조죽청량죽　배추김치숭저　두릅숙회목두채　호박적남과적　국화잎샐러드자국묘　탕평채　연잎밥
국화잎국　오이소박이장황과　겨자가지지개말가지　검정콩조림흑두초　오미자갈수　약과

쪽빛 삼베 매트를 배경삼아 전채로는 부드럽기 이를 데 없는 차조죽과 시원한 배추김치를 선택했다. 차조죽은 기를 더하고 속을 보하며 몸을 가볍게 한다는 죽으로, 약간 쌉싸름한 맛이 감돌면서도 고소해서 맑은 배추김치와 함께 전채 음식으로 좋다.

초간장으로 깔끔한 맛을 낸 청포묵무침인 탕평채와 참기름과 소금으로 무친 향이 진한 두릅숙회, 들큰한 늙은 호박적, 특유의 향이 새로운 국화잎샐러드로 요리상을 준비하고, 연잎 향으로 감싼 흰밥에 국화잎국, 두부를 박은 오이소박이, 약성 가득한 검정콩조림, 겨자 가루로 발효시킨 겨자가지지를 반찬으로 하여 밥상을 차렸다.

마지막으로 생강, 후추, 잣, 깨, 꿀로 버무려 튀긴, 입 안에서 사르르 녹는 약과와 콩국물에 오미자 즙을 섞은 오미자갈수를 준비해 향긋하고 감칠맛 나는 코스상을 마련했다.

전채 | 차조죽, 배추김치

요리 | 두릅숙회, 호박적, 국화잎샐러드, 탕평채

**식사** | 연잎밥, 국화잎국, 오이소박이, 겨자가지지, 검정콩조림

**후식** | 오미자갈수, 약과

# 《정조지》 번역문

일러두기 | 1. 번역은 독자의 이해를 돕기 위해서 가급적 쉽게 풀었다. 2. 번역문의 배치는 《정조지》의 순서를 따르지 않고 이 책 목차에 따라 재구성하였고, 원문에서 참고하라고 한 요리법을 별도로 첨가하였다. 3. 각 단품이 아닌, 요리의 범주에 대한 일반적인 설명은 '총론'으로 따로 묶었다. 4. 출처에서 서유구 선생의 대분류·중분류·소분류를 드러내기 위한 표시로 ' 〉'를 사용했다. 5. 원문은 연세대본을 저본으로 하면서, 규장각본, 오사카본, 고려대본과 대조하였다.

옮긴이 정정기 | 임원경제연구소 교열팀장과 번역팀장을 역임했고, 현재는 연구원으로 재직중이다. 서울대학교 가정대학 소비자아동학과에서 가정학을 공부했고, 도올서원과 한림대태동고전연구소(지곡서당)에서 한학을 익혔다. 동 대학원에서 성리학적 부부관에 대한 연구로 석사를, 〈조선시대 가족의 식색교육 연구〉로 박사를 마쳤다. 서유구의 《임원경제지》 중 《정조지》의 역자로서 강의와 원고 작업을 통해 그에 수록된 음식에 대한 소개에 힘쓰며, 부의주를 빚고 가르쳐 집집마다 항아리에 술이 익어가는 꿈을 실천하고 있다. 《정조지》 외에도 《섬용지》를 교열했고, 《유예지》·《상택지》·《예규지》·《이운지》·《전공지》를 공역했으며, 《보양지》·《향례지》·《전어지》를 교열·교감·표점했다.

## 【정조지 서문鼎俎志引】

정鼎은 오미五味[1]를 조화시키는 그릇으로, 발이 셋이고 귀가 둘이다.[2] 정鼎이라는 글자는 위쪽은 솥의 모양을 본떴고, 아래쪽은 장작을 지피는 모습을 본떴다. 삼례三禮[3]를 조사해 보면 정에 담는 것은 모두 희생의 몸체이다. 그러나 《주역》 정鼎괘[䷱]의 상象에는 음식을 삶거나(亨飪)[4] 솥 안의 음식을 엎지른다(覆餗)[5]는 뜻이 있으니, 정은 역시 음식을 익히는 도구이기도 한 것이다.

鼎者, 和五味之器也, 有三足兩耳. 於文, 上象其形, 下象析木以炊. 攷三禮, 鼎實皆牲體也. 然《易》之鼎象有亨飪·覆餗之義, 亦所以熟食也.

조俎는 희생犧牲[6]을 올리는 그릇이다. 조俎라는 글자는 반육半肉(반으로 나누어진 고기)을 본떴다.[7] 반육은 고기를 반으로 갈라 자른 것이다. 조俎는 '차且'를 따르는데, '且'는 궤几(나무받침)에 발이 있는 것이다.[8] 예서禮書[9]를 조사해 보면 조에 희생을 올려서 바로 바친다. 그러나 《한서漢書》의 '도조刀俎'[10]에서 '조'는 또한 도마를 일컫기도 한다. 다만 우리나라 사람들은 정이 음식을 끓이는 솥이라는 사실은 알면서, 조가 희생을 올리는 제기라는 사실은 알지 못하니, 그 지식이 엉성하다.

俎者, 升牲之器也. 於文, 象半肉. 半肉者, 割切也. 從且, 且者, 几之有足也. 攷禮, 升牲於俎, 直以薦之. 然《漢書》之刀俎, 又椹版之謂也. 但我人以鼎爲爨釜, 不知俎以升牲, 疏矣.

---

1) 오미五味: 산酸(신맛), 함鹹(짠맛), 감甘(단맛), 고苦(쓴맛), 신辛(매운맛)의 5가지 맛.
2) 정鼎은~둘이다: "鼎,三足兩耳,和五味之寶器也."《說文解字》卷13〈鼎部〉.
3) 삼례三禮: 《주례周禮》·《의례儀禮》·《예기禮記》.
4) 음식을 삶거나(亨飪): "鼎,象也. 以木巽火,亨飪也. 聖人亨,以享上帝,而大亨以養聖賢."《周易》卷5〈鼎〉.
5) 음식을 엎지른다(覆餗): "九四:鼎折足,覆公餗,其形渥,凶."《周易》卷5〈鼎〉.
6) 희생犧牲: 제사에 바치는 소·양·돼지 따위의 산 제물.
7) 조俎라는~본떴다: "俎는 제기의 하나인 그릇이다. 조俎라는 글자는 반으로 나누어진 고기가 제기 위에 있는 뜻을 따른다.(俎,禮俎也. 從半肉在且上.)"《說文解字》卷27〈且部〉.
8) '且'는~것이다: "且는 바치기 위한 것이다. 궤几의 자형을 따른다. 발에 2개의 횡목橫木이 달려 있다. 그 아래는 땅이다.(且,所以薦也. 從几,足有二橫,其下地也.)"《說文解字》卷27〈且部〉.
9) 예서禮書: 《주례》·《의례》·《예기》 등의 예禮를 다룬 서적.
10) 《한서漢書》의 도조刀俎: 《한서》에는 관련 내용이 없고 《사기》에 나온다. "예를 들자면 지금 저들은 칼과 도마가 되고 우리는 그 도마 위에 놓인 어육인데, 무슨 작별 인사를 한단 말입니까?(如今人方爲刀俎,我爲魚肉,何辭爲?)"《史記》卷7〈項羽本紀〉第7.

이 《정조지》는 세목이 9개[11]가 있는데, 음식 재료(食鑑, 식감)·익히거나 찌는 음식(炊餾, 취류)·음료(飮淸, 음청)·과자(菓飣, 과정)·채소 음식(咬茹, 교여)·가르거나 삶아서 조리하는 음식(割烹, 할팽)·조미료(味料, 미료)·술(醖醅, 온배)·절식節食이며, 5권[12]이다. '정조'라고 이름을 붙인 것은 그 가운데 큰 것을 들어서 통괄하기 위함이다.

是志也,細目有九,曰:"食鑑"也."炊餾"也."飮淸"也."菓飣"也."咬茹"也."割烹"也."味料"也."醖醅"也."節食"也,而其卷有五.以"鼎俎"名之者,擧其大而統之也.

대체로 사람의 입맛은 확실히 고금의 차이가 있고, 중국과 주변국의 격차가 있다. 사는 지역이 달라 물과 땅의 산물이 같지 않게 되면, 지역마다 좋아하는 음식이 있는 것은 당연한 추세이다. 그러니 고례古禮의 기름을 끼얹은 순모淳母[13]와 같은 요리도 지금은 진미에 들지 않는다. 《주례》의 지해蚳醢[14]와 같은 맛있는 음식을 대접해도 지금 사람들은 물리칠 것이다.

夫吾人之口實有古今之異,有華夷之隔,區域旣別,水土之産不同,則各有所好,勢也.古禮沃糠淳母之品,在今非珍也.《周禮》蚳醢之薦,人將殼之.

일반적으로 유자들은 지금의 풍속에 의거하여 옛 경전을 이야기하므로 매번 문구에 매여 견강부회한다는 비판을 받는데, 음식에 대해서도 역시 그런 비판을 받아야 한다. 지금 북경의 사례로 본다면, 맛좋다는 식품들이 매우 맛있고 입에 맞지 않는 게 없는 데도 불구하고, 내병奶餠(치즈)은 위장을 편안하게 한다고 하면서 염석鹽腊(소금에 절인 육포)은 버려두고 돌아보지 않으니 이는 무엇 때문인가? 진실로 사람들이 좋아하는 음식은 천차만별이기 때문이다.

凡儒者据今俗而譚古經,每招拘牽之譏,至於食飮亦宜然也.今以燕都觀之,膳羞之品非不美且旨也,而

---

11) '세목이 9개: 《정조지》 본문에는 '익히거나 찌는 음식'과 '음료' 사이에 '달이거나 고는 음식'과 '볶거나 가루 내어 만든 음식'이 있으므로 실질적으로는 11개이다.
12) '5권: 현존 《정조지》는 7권이다.
13) 순모淳母: 중국 고대의 진귀한 음식 8가지(八珍) 중의 하나로, 육젓을 달여 기장밥 위에 얹고 기름으로 적신 음식. 순모라는 말은 순오淳熬를 본떴다(毋, 본뜨다[模])는 의미이다. 다만 순오는 밥을 밭벼의 쌀로 하고, 순모는 기장쌀로 할 뿐 그 외는 똑같다. "淳熬:煎醢加于陸稻上,沃之以膏,曰煎熬.淳母:煎醢加於黍食上,沃之以膏,曰淳母."《禮記注疏》 卷28〈內則〉.
14) 지해蚳醢: 개미 알로 담근 젓갈. "饋食之豆,其實葵菹·蠃醢·脾析·蠯醢·蜃·蚳醢·豚拍·魚醢."《周禮注疏》 卷6〈天官家宰〉下"醢人".

奶餅有安於胃,鹽腊棄而不顧,是何也?誠以人之所嗜萬焉千焉.

세발마름(芰)을 좋아하는 사람, 양조羊棗(대추의 일종)를 좋아하는 사람, 창촉昌歜(창포 뿌리로 담근 김치)을 좋아하는 사람도 있고, 심지어는 상처딱지를 좋아하는 사람, 밀즉蜜唧(꿀에 재운 새끼 쥐)을 좋아하는 사람도 있다.15) 그러니 세상에 역아易牙16)가 없다면 누구를 좇아 맛을 얻을 수 있겠는가?
有嗜芰者,嗜羊棗者,嗜昌歜者,甚焉則有嗜痂者,嗜蜜唧者.世無易牙,孰從而得味也?

우리나라 풍속으로 말하자면 청국장(幽未)17) 종류가 점점 소문이 나고, 꿀을 곁들인 요리가 민간에서 생겨났다. 그러나 맛좋다는 음식을 만드는 방법이 중국인들과는 다르다. 게다가 이런 임원林園에 살면서 어느 틈에 그런 방법을 연구하겠는가? 오로지 풍속을 따르면서 형편에 맞게 조절하면 될 터이다.
以我俗言之,幽未之品稍入於聞,調蜜之餐有創於俗.然膳羞之方,與華人別,況此林園之居,何暇講究乎?惟當因俗而節焉可也.

---

15) 세발마름을~있다: 관례적으로 사람마다 음식의 기호가 다름을 말하는 문구이다. "증석은 양조를 좋아했다.…중략… 문왕은 창촉을 좋아했고, 굴도는 마름을 좋아했다.(曾晳嗜羊棗.…중략… 若文王昌歜,屈到嗜芰.)"《爾雅翼》卷10〈釋木〉.
각각의 전거는 다음과 같다. "굴도屈到(춘추 시대 초나라 사람)는 세발마름을 좋아했다. 병이 들자 종노宗老(집안일 관리인)를 불러, '나에게 제사 지낼 때는 반드시 세발마름을 쓰라'고 했다.(屈到嗜芰.有疾,召其宗老而屬之,曰:'祭我必以芰.')"《國語》卷17〈楚語上〉; "증석이 양조를 좋아하여, 증자는 차마 양조를 먹지 않았다.[주: 양조는 대추 이름이다](曾晳嗜羊棗,而曾子不忍食羊棗[注: 羊棗,棗名也])"《孟子注疏》卷14〈盡心下〉; "유옹劉邕이 상처딱지 먹기를 좋아하여 그 맛이 전복과 같다고 여겼다. 한번은 맹영휴孟靈休를 찾아갔는데, 맹영휴가 먼저 부스럼에 뜸을 뜨다가 상처딱지가 심상에 떨어져 있자 유옹이 그것을 주워 먹었다.(邕性嗜食瘡痂,以爲味似鰒魚.嘗詣孟靈休,靈休先患灸瘡,痂落在牀,邕取食之.)"《南史》卷15〈列傳〉第5 '劉穆之'; "남방의 오랑캐들은 밀즉을 먹었다. 밀즉은 바로 꿀에 재운 어린 쥐이다.(南獠人食蜜唧,卽嫩鼠也.)"《通雅》卷46〈動物〉.
16) 역아易牙: ?~?. 중국 춘추 시대 때 제나라 환공桓公의 총신寵臣. 요리사의 원조로 일컬어지며, 요리를 잘하여 환공의 신임을 얻었다. 그러나 자식을 삶아 환공에게 바치는가 하면, 후에 환공을 굶겨 죽였다고도 전한다. 공자孔子는 역아의 미각이 뛰어나 치수淄水와 민수澠水의 물을 섞어놓아도 구별할 수 있을 것으로 생각했으며, 맹자孟子는 맛에 대해서는 세상 사람들이 모두 역아를 기준으로 삼는다(至於味,則天下期於易牙)고 할 정도로 높이 평가했다.《孟子注疏》卷11〈告子上〉.
17) 청국장(幽未): 유숙幽未은 배염유숙配鹽幽未을 말한다. 이는 원래 대두나 흑두를 삶은 뒤에 발효시켜 만든 두시豆豉를 말하나, 여기서는 조선이라는 맥락 내에서 청국장을 지칭한다.

# 【밥상】

## 총론

**밥** 반飯은 《설문해자說文解字》에 "밥(食, 사)이다"라고 했고, 《급총주서汲冢周書》에 "황제가 처음 곡식을 익혀 '반飯'이라 했다"고 했다. 한 번 찐 밥을 '분餴'이라 한다. 다시 쩌서 김이 맺혀 있는 밥을 '유饇'라 한다. 잡곡밥을 '유飹'라 하고, '뉴飳'라 하기도 한다. 물과 섞은 밥을 '손飧'이라 한다. 국을 부은 밥을 '찬饡'이라 한다. 도가道家에서는 약초를 넣어 색을 낸 밥을 '신飪'[오반烏飯 혹은 청정반靑精飯이라고도 한다]이라 한다. 《옹치잡지饔饎雜志》[1]

— 《정조지》 권2, 〈익히거나 찌는 음식〉, 밥, 총론[2]

**일반밥** 중국 동성桐城[3] 사람 장영張英[4]의 《반유십이합설飯有十二合說》[5]에서 "조선 사람들은 밥을 잘 지어서 밥알이 반지르르하며 부드럽고 매끄러운데다가 향기롭고 윤기가 돈다. 아마도 이른바 가운데와 가장자리가 모두 기름지다는 말이 아니겠는가?"라 했으니, 우리나라 사람들의 밥 짓기는 대개 이미 천하에 이름이 난 것이다. 요즘 사람들의 밥 짓기에는 다른 기술이 없다. 쌀을 깨끗이 씻은 뒤 쌀뜨물은 버리고 솥에 넣는다. 새로 물을 부어 잠기게 하는데, 물은 쌀 위로 손바닥 하나 두께만큼 채우고 나서 솥뚜껑을 덮고 땔감을 때서 끓인다. 밥을 부드럽게 하려면 쌀이 익을 때쯤 불

---

1) 옹치잡지饔饎雜志: 서유구徐有榘(1764~1845) 선생이 지은 조리서. 《정조지鼎俎志》로 흡수되어 있고, 독립된 원본은 현재 전해지지 않는다. 총론의 대부분을 가져왔으며, 《정조지鼎俎志》 전체의 12%가 이 책을 반영했을 정도로 《정조지》에서 큰 비중을 차지하는 저술이다.
2) 飯【總論】飯《說文》云"食也"《汲冢周書》云"黃帝始炊穀爲'飯'". 一蒸曰"餴"《玉篇》云, 音分,半蒸飯也.與饇同.《詩·大雅》"挹彼注玆, 可以餴饎". 注"餴,蒸米一熟,而以水沃之, 乃再蒸也"]. 再蒸而氣溜曰"饇"《說文》: "餴,一蒸米也,饇,飯氣流也"]. 雜飯曰"飹"《五音篇海》: "音粲,雜飯"], 曰"飳"《集韻》: "音紐,雜飯"]. 水和曰"飧"《釋名》: "飧,散也.投水于中,自解散也"]. 羹澆曰"饡"[音贊《玉篇》: "以羹澆飯也"]. 道家用藥草設色曰"飪"《正字通》: "音迅,烏飯也.一曰'靑精飯'"].《饔饎雜志》
3) 동성桐城: 중국 안휘성安徽省 동성시桐城市 일대.
4) 장영張英: 1637~1708. 중국 청나라의 관리. 자는 돈복敦復·몽돈夢敦, 호는 낙포樂圃·권포옹倦圃翁, 시호는 문단공文端公이며, 동성桐城 사람이다. 문화전대학사文華殿大學士 겸 예부상서禮部尙書를 지냈다. 저서로는 《독소당문집篤素堂文集》·《주역충론周易衷論》·《서경충론書經衷論》이 있다.
5) 반유십이합설飯有十二合說: 중국 청나라 장영이 지은 저서. 맛있는 식사를 할 수 있는 12가지 조건으로 좋은 쌀·불 조절·익힌 고기·제철 채소·말린 고기·절인 채소·국·차·적절한 때·그릇·먹는 장소·함께 먹는 사람을 말했다.

을 물렸다가 15~30분 후에 다시 불을 밀어 넣어 끓이고, 되게 하려면 불을 물리지 말고 처음부터 끝까지 센 불로 끓인다. 그러나 남쪽 지방 사람들은 쌀밥을 잘 지어먹고 북쪽 사람들은 조밥을 잘 지어먹는다. 이는 또한 각각 그 풍속을 따른 것이다.《옹치잡지》

— 《정조지》 권2, 〈익히거나 찌는 음식〉, 밥, 밥 짓는 여러 방법[6]


**자잡채**煮煠菜   자煮는 채소를 삶아서 국을 만드는 것이고, 잡煠은 채소를 데쳐서 나물을 만드는 것이다. "흐물흐물하게 삶고 익도록 데쳐(爛者熟煠) 막힌 것을 소통시키고 혈액을 돌게 한다.(疏壅導血)" 이것이 채소를 요리하는 8자 비결이다. 맛이 진한 생선으로 채소 본연의 맛을 빼앗지 말고, 누린내 나는 고기로 채소의 본성을 어지럽히지 말라. 만약 그렇지 않으면 쇄삭洒削[7]처럼 값어치 없거나 위포胃脯[8]처럼 잘 팔리기만 하는 음식일 따름이다. 그런 음식만 있다면 소식蘇軾이 말한 "맛은 땅의 정수를 머금고, 향기는 서리와 이슬 가득하네"라고 읊은 음식은 어디에서 볼 수 있겠는가?《옹치잡지》

— 《정조지》 권4, 〈채소 음식〉, 자잡채, 총론[9]


**저채**菹菜   저菹는 《석명釋名》[10]에 "저菹는 조阻(격리시키다)이다. 생으로 담가 차고 따뜻한 온도 사이에 흐물흐물해지지 않도록 한다"라 했다. 대개 엄채醃菜(담근 채소)와 저채菹菜(김치)와 제채虀菜(절인 채소)는 한 종류이지만 이름이 다른 경우이다. 다만 저菹는 한 번 익으면 먹을 수 있고, 엄채는 다시 가져다가 데친 뒤에 먹어야 한다. 제虀는 잘게 썰고 저菹는 뿌리와 잎을 모두 통째로 담근다.[《후청록候

---

6) 【煮飯雜法】桐城張英《飯有十二合說》云"朝鮮人善炊飯, 顆粒朗然而柔膩香澤, 儻所謂中邊皆腴者耶?" 吾東炊飯, 蓋已名於天下矣. 今人煮飯無他術, 將米淘淨, 傾去潘汁入鍋, 澆淹新水, 令米上一掌厚, 蓋定, 燒柴煮之, 欲軟者, 臨熟退火, 一二刻再進火煮之, 欲硬者, 不退火, 始終武火煮之. 然南人善炊稻飯, 北人善炊粟飯, 亦各從其俗也.《饔饎雜志》
7) 쇄삭洒削: 흐르는 물에 칼을 가는 일.《사기史記》《화식열전貨殖列傳》에 "칼 가는 일은 보잘것없는 일이다(洒削, 薄伎也)"라는 내용이 보인다.
8) 위포胃脯: 양의 밥통을 삶아 말린 것.《사기史記》《화식열전貨殖列傳》에 "태관太官은 10월이 되면 끓는 물에 양의 위胃를 넣고 끓인 뒤 말초末椒(후추 가루)와 강분薑粉(생강 가루)을 넣고 말려 포脯를 만들었다. 위포는 판매가 쉬워 많은 부를 축적하였다"라 했다.
9) 煮煠菜【總論】煮者, 煮之爲羹也; 煠者, 煠之爲茹也. "爛煮熟煠, 疏壅導血", 此製蔬八字訣也. 勿以濃鮮奪其味, 勿以膻腥亂其性. 苟非然者, 卽洒削·胃脯之餐耳.坡老所謂"味含土膏, 氣飽霜露"者, 于何處見焉?《饔饎雜志》
10) 석명釋名: 중국 한漢나라 말의 훈고학자 유희劉熙(?~?)가 《이아爾雅》의 체계를 모방하여 지은 자전. 1,505가지의 사물 명칭을 27개 부분으로 정리하여 설명했다. 〈석천釋天〉으로 시작되며, 〈석음식釋飲食〉에 "저菹" 항목이 보인다.

鯖錄)¹¹⁾에 "잘게 썬 것을 제齏라 하고, 온전한 것을 저菹라 한다"라 했다.] 이것이 이들이 다른 까닭이다. 우리나라 사람들은 저채를 '침채沈菜'라 한다.《옹치잡지》

— 《정조지》 권4, 〈채소 음식〉, 저채, 총론¹²⁾

**유전채**油煎菜 소식가素食家(채식가)들에게는 채소를 기름에 지지거나 기름에 볶는 방법이 따로 있으니, 향료들을 섞고 넣어 맛이 풍부하다. 이는 대개 은거한 선비의 깨끗한 음식 중에서 진귀함과 검소함 사이에 자리를 차지할 수 있는 음식이다. 우리나라 사람들은 이를 자반(佐盤)¹³⁾이라 부른다. 자반이란 밥상 위의 밥을 돕는 것을 말한다.《옹치잡지》

— 《정조지》 권4, 〈채소 음식〉, 유전채, 총론¹⁴⁾

**장** 장醬은 장수(將)이다. 장은 음식물의 독을 제어할 수 있으니, 이는 마치 장수가 포악한 자를 평정하는 것과 같다. 중국의 장은 종류가 다양하여 콩류·맥류·깻묵·느릅나무 열매를 모두 이용해서 장을 만든다. 재료가 다르다 보니 성질과 맛(品味)도 다르다. 반면 우리나라에서는 오로지 대두大豆(메주콩)만을 쓴다. 그 중에 3~5년 묵은 장은 색이 제호醍醐¹⁵⁾와 같고, 맛은 수타酥酡¹⁶⁾에 맞먹는다. 도홍경陶弘景¹⁷⁾이 장의 품등을 논하면서 두장豆醬(콩을 발효시켜 만든 장)은 오래 묵은 것이 뛰어나다고 했다. 그렇다면 당연히 우리나라의 장이 천하제일이어야 한다.《옹치잡지》

— 《정조지》 권6, 〈조미료〉, 장, 총론¹⁸⁾

---

11) 후청록候鯖錄: 중국 남송南宋의 조령치趙令畤(1051~1134)가 명물名物과 시사詩事 등을 모은 문집.
12) 菹菜【總論】菹,《釋名》云:"菹,阻也,生釀之,使阻于寒溫之間,不得爛也."蓋醃菜也,菹菜也,虀菜也,一類而二名者也,但菹則一熟可供,醃菜則更須芼煤而後食,虀則細切,菹則全根葉而釀之.[《候鯖錄》云:"細切曰虀,全物曰菹"],此其所以異也,東人呼爲"沈菜"《饔饎雜志》
13) 자반(佐盤): 밥의 반찬으로, 밥맛을 돋우는 맛있는 찬을 가리키는 말. 주로 소금에 절이거나 기름에 튀기거나 간장에 조려 오래 저장할 수 있는 식품이다.
14) 油煎菜【總論】素食家有油煎·油炒之法,香料雜施,饒有滋味,蓋腥淸供中,能居珍儉之間者也.東人呼爲佐盤,佐盤者,佐助盤飧之謂也《饔饎雜志》
15) 제호醍醐: 우유에서 정제한 최상의 음료로, 수락酥酪에서 만들어낸 기름.《임원경제지·정조지》 권6 〈조미료(미료지류)〉 "기름과 타락" '제호' 참조.
16) 수타酥酡: 인도에서 주로 만들어 먹는, 요거트와 비슷한 종류의 유제품.
17) 도홍경陶弘景: 456~536. 중국 남북조 시대 양梁나라의 저명한 도사이면서 의학자이다. 자는 통명通明, 호는 은거隱居 또는 화양은거華陽隱居라 부르기도 한다. 도교道敎 모산파茅山派의 개조開祖이다. 저서로《본초경집주本草經集注》등이 있다.
18) 醬【總論】醬,將也,能制食物之毒,如將之平暴惡也.中國醬,品不一,豆菽·麰麬·麻粔·楡實皆用爲醬.物料旣異,品味亦殊.我東則純用大豆,其三五年陳久者,色如醍醐,味敵酥酡.陶隱居論醬品,以豆醬陳久者爲勝,是則吾東之醬,當爲天下第一也《饔饎雜志》

**제채**菹菜 제菹는 혹은 제饀로도 쓴다.《주례周禮》〈천관天官〉"해인醢人"에 "해인(젓갈 담당 관리)은 5가지 무침, 7가지 젓갈, 7가지 김치를 공급한다"라 했다. 주註에 "무침 5가지는 곧 창본昌本(창포 뿌리), 비석脾析(우백엽牛百葉)[19], 신蜃(대합), 돈박豚拍(돼지 어깨 부위), 심포深蒲(갓 난 아욱)이다"라 했다.《석명》에 "제菹는 제濟(돕다)이니, 여러 맛과 서로 도와 맛을 완성한다"라 했다. 이것에 근거하면 제菹는 자鮓가 소금과 쌀로 생선살을 삭힌 것과 그 방법이 비슷하다. 그러나 유우석劉禹錫이 술로 인해 병이 났을 때 백거이白居易에게 국묘제菊苗菹(감국싹무침)와 노복자蘆菔鮓(무담금)를 보내고 그 대가로 육반차六班茶(녹차의 일종으로 추정)를 바꿔 먹고서 술이 깼다고 하는 고사를 본다면 제菹와 자鮓는 또한 2가지의 서로 다른 음식이다.《고사십이집》

제菹와 자鮓는 비슷하지만 자鮓는 소금과 쌀로 담가 만든 음식일 뿐이고 제菹는 일반적으로 젓갈, 간장, 생강, 마늘 일체의 짜거나 매운 재료가 모두 서로 도와 맛을 완성할 수 있는 음식이니, 이것이 이들의 다른 점이다.《주례周禮》〈천관天官〉"해인醢人"의 주註에 "일반적으로 가늘게 썬 재료에 식초나 간장을 섞어 제菹를 만든다"라 했다. 다른 곳에서는 "제菹는 매운 맛이 나는 재료를 빻아 만들기도 하는데, 매운 재료는 생강이나 마늘 같은 종류이다"라 했다. 자전字典에 "제菹는 쇄碎이고, 화和이며, 제制이다"라 했다. 쇄碎는 잘라서 부수는 것을 말하고, 화和는 간장이나 식초를 섞어 간을 맞추는 것을 말하며, 제制는 다른 맛과 서로 어우러져 그 다른 맛을 눌러주는 것을 말한다. 이 여러 가지 설을 상세히 살펴보면 제菹가 제菹인 까닭을 알 수 있을 것이다.《옹치잡지》

— 《정조지》 권4, 〈채소 음식〉, 제채, 총론[20]

**외증채**煨蒸菜 구운 푸성귀나 찐 채소는 산가山家(산에 사는 가정)의 담박한 반찬이다. 눈 깜짝할 사이에 마련하여 힘들이지 않고 조리하여 익힐 수 있다. 명찬明瓚[21]의 토란이나 여여경呂餘慶[22]의 박과

---

19) 우백엽牛百葉: 소의 천엽. 백엽은 소나 양의 겹주름 위胃를 말한다.
20) 菹菜【總論】菹, 或作饀.《周禮·醢人》: "五菹·七醢·七菹." 註云: "五菹, 卽昌本[菖蒲根]·脾析[牛百葉]·蜃[大蛤]·豚拍[豕肩]·深蒲[葵始生者]也."《釋名》云: "菹, 濟也, 與諸味相濟成也." 據此則與鮓之用鹽米釀魚肉者, 其法似同. 然劉禹錫病酒, 乃饋菊苗菹·蘆菔鮓於白居易, 換六班茶以醒酒, 則菹與鮓, 又是二味也.《攷事十二集》
 菹與鮓類也, 而鮓以鹽米釀成而已. 菹則凡醢·醬·薑·蒜一切鹹辛之物, 皆可相濟而成, 此其所異也.《周禮·天官·醢人》註曰: "凡醢·醬所和細切爲菹." 一曰: "擣辛物爲之, 辛物, 薑·蒜之類."字書云: "菹, 碎也, 和也, 制也." 碎者謂切而碎之也, 和者謂以醬·醋調和也, 制者謂與他味相制也, 詳此數說, 而菹之所以爲菹可知矣.《饔餼雜志》

같은 뒤에야 비로소 천연의 진미를 얻을 수 있는 것이다. 그러나 날것과 익은 것은 불기운의 조절에 달렸고 부드러운 맛과 거친 것은 손맛에 달렸으며, 풍로風爐(화로의 일종)와 흡발歙鉢(흡주歙州[23] 지역에서 나는 사발의 일종)에는 스스로 빼어난 비결이 있다.[24] 그러므로 이 또한 평범한 요리사나 민간의 음식이 따라할 수 있는 맛이 아니다. 《옹치잡지》

— 《정조지》 권4, 〈채소 음식〉, 외증채, 총론[25]

**수채**酥菜  수채는 두채荳菜를 갈아서 졸이거나 눌러 짜서 덩어리를 만들거나 그릇에 담아 굳힌 것이다. 모양이 수락酥酪(치즈)의 겉면과 같기 때문에 '수채'라 하니 모양을 본뜬 것이다. 또는 맛이 달고 부드럽고 촉촉해서, 맛이 수락과 같기 때문에 이렇게 불렀다고 한다. 이 또한 뜻이 통한다. 《옹치잡지》

— 《정조지》 권4, 〈채소 음식〉, 수채, 총론[26]

## 1. 보리밥상

**보리밥**  보리쌀은 단단하고 껄끄러워서 밥을 지어도 쉽게 익지 않는다. 이때는 먼저 한나절 동안 깨끗한 물에 불려서 낱알 안팎으로 모두 습기를 머금게 해야 한다. 그런 후에 다시 보리를 일어서

---

21) 명찬明瓚: ?~?. 중국 당나라의 승려. 다른 스님들은 경영에 애썼는데, 명찬만 느긋하게 지내며 항상 대중들이 먹다 남긴 음식을 먹기를 좋아해 나찬懶瓚 또는 나잔懶殘이라 불렸다. 시호는 대명선사大明禪師이고, 탑이 남악南嶽에 남아 있다. 저서로《남악나찬화상가南嶽懶瓚和尙歌》가 있다. 덕종德宗 연간의 명재상 이필李泌이 젊은 시절에 찾아오자 토란을 구워준 고사가 전한다.
22) 정여경鄭餘慶: 745~820. 중국 당나라 덕종德宗 연간의 재상. 자는 거업居業. 한림학사翰林學士·중서시랑中書侍郞·중서문하평장사中書門下平章事 등을 역임했다. 청렴하고 검소하기로 이름이 높았는데 벗들이 이른 아침에 방문하자 호로병박을 쪄서 대접한 고사가 《산가청공》에 전한다.
23) 흡주歙州: 휘주徽州. 안휘성安徽省 남부와 신안강新安江 상류 지역에 위치해 있었다. 환남皖南 산지에 속하고 북쪽으로 황산黃山, 동남쪽으로 천목산天目山 등 많은 산으로 둘러싸여 있어, 건축建築·조각雕刻·회화繪畫·전각篆刻·분경盆景·편직編織·서판출판·이학理學·의학醫學 등 다방면에서 발전된 문화를 자랑하였다.
24) 풍로風爐(화로의 일종)와~있다: 육유陸游의 시 〈식제食薺〉에서 "풍로와 흡발로도 궁색한 살림이 살아가니 묘결을 어떻게 함부로 남에게 주겠는가?(風爐·歙鉢窮家活, 妙訣何曾肯授人?)"라는 표현이 나온다.《劍南詩彙》〈食薺〉
25) 煨烝菜【總論】煨蔌·烝菜, 山家眞率之饌也. 可辦呫嗟, 無勞調飪, 若懶殘之芋, 餘慶之壺, 而後始得天然之珍味. 然生熟系於火候, 酥澁視諸手法, 風爐·歙鉢自有妙訣, 亦非庸庖·俗飣之所能喩也.《饔饎雜志》
26) 酥菜【總論】酥菜, 磨荳菜而煮之, 或壓榨爲塊, 或貯器凝定. 形如酥酪之皮, 故曰"酥菜", 象形也. 或曰甘腴而澤, 味同酥酪, 故名, 亦通.《饔饎雜志》

밥을 지으면 밥이 부드럽고 맛이 좋으며 게다가 땔감도 절약할 수 있다.《옹치잡지》

— 《정조지》 권2, 〈익히거나 찌는 음식〉, 밥, 보리밥 잘 익히기[27]


**삼취갱**三脆羹  어린 죽순과 작은 표고버섯, 구기자나물을 기름에 볶아 국을 끓이는데, 후추를 더하면 더욱 좋다. 조밀부趙密夫[28]가 이 국을 매우 좋아했다. 또한 삼취갱의 재료를 고명으로 얹은 떡국을 끓여 부모님을 봉양했는데, 이를 '삼취면三脆麪'이라고 이름했다. 버섯(蕈, 심)은 '菇'라고도 한다.《산가청공山家淸供》[29]

— 《정조지》 권4, 〈채소 음식〉, 자잡채, 삼취갱(죽순구기자잎국)[30]


**총적**蔥炙  입춘이 지난 뒤에 땅광 안에서 기른 여린 황총黃蔥(노랗게 새로 난 파)을 가져다가 수염뿌리를 제거하고 데친 다음 대나무 꼬챙이에 꿴다. 이를 칼등으로 가볍게 찧어 평평하게 눌러준 다음 기름간장에 밀가루를 반죽하여 두껍게 바른 뒤, 숯불에 푹 굽고 좋은 식초를 끼얹어 담아낸다. 여름과 가을에 만든 총적은 맛이 떨어진다.《증보산림경제增補山林經濟》[31]

— 《정조지》 권4, 〈채소 음식〉, 외증채, 총적蔥炙(파 구이) 만들기[32]


**개말가지**芥末茄  작고 어린 가지를 가락으로 썬 뒤 씻을 필요 없이 볕에 말린다. 솥 안에 기름을 많이 두르고, 소금을 넣고, 이를 볶은 다음 자기 동이에 넣고 펼쳐놓는다. 식으면 마른 겨자가루를

---

27) 【炊麥易熟法】麥米硬澀,炊之不易熟,須先期一半日浸淨水中,令米粒內外通濕,然後更漸炊之,則飯旣頓美,且可省薪《饔饎雜志》
28) 조밀부趙密夫: ?~?. 중국 남송의 관리. 호 죽계竹溪. 이종理宗 소정紹定 2년(1229)에 진사에 급제하였다. 이 밖의 정보는 자세하지 않다.
29) 산가청공山家淸供: 중국 남송의 임홍林洪(1369~1434)이 쓴 조리서. 산야에서 흔히 볼 수 있는 채소·과일·동물들을 재료로 명칭과 조리법 및 관련 고사를 수록하였다.
30) 【三脆羹方】嫩筍·小蕈·枸杞菜,油炒作羹,加胡椒尤佳,趙密夫酷嗜此,或作湯餠以奉親,名"三脆麪",蕈亦名"菇"《山家淸供》
31) 증보산림경제增補山林經濟: 유중림柳重臨(1705~1771)이 홍만선洪萬選(1643~1715)의《산림경제山林經濟》를 증보하여 1766년에 편찬한 유서類書. 복거卜居·치농治農·종수種樹·양화養花·양잠養蠶·목양牧養·치포治圃·섭생攝生·치선治膳·구황救荒·가정家庭·구사救嗣·구급救急·증보사시찬요增補四時纂要·사가점후四家占候·선택選擇·잡방雜方·동국산수록東國山水錄·남사고십승보신지南師古十勝保身地·동국승구록東國勝區錄 등 23항목으로 구성되었다.《임원경제지林園經濟志》편찬의 근간이 되었다.
32) 【蔥炙方】立春後,取窖中養芽嫩黃蔥,去根鬚焯過,竹籤貫之,以刀背輕搗按平,油醬溲麪厚塗之,炭火炙熟,澆好醋供之,夏秋作者味遜《增補山林經濟》

고루 뿌려 섞은 뒤, 자기 그릇에 저장해 둔다.《거가필용居家必用》[33]

— 《정조지》 권4, 〈채소 음식〉, 제채, 개말가(겨자가루절임가지)[34]

**송초전**松椒煎  다시마를 물에 담갔다가 얼마 뒤에 건져내서 물기를 짜낸다. 이를 찢어서 길이가 2~3촌 정도 되는 작고 좁은 가락으로 만든다. 다시마 1가락마다 후추 1알, 잣[껍질을 벗긴다] 1알을 싸서 묶은 다음 달구어놓은 쟁개비 안에서 끓는 기름에 지진다.《옹치잡지》

— 《정조지》 권4, 〈채소 음식〉, 유전채, 송초전松椒煎(잣후추지짐)[35]

## 2. 상추밥상

**상추밥**  상추 잎을 절였다가 꺼내서 볕에 말린다. 여름에 이를 참기름에 섞은 뒤 밥에 올려 쪄서 익히면 밥맛이 최고로 빼어나다. 게다가 뱃속의 여러 기생충을 죽이므로 고기와 같이 삶아 먹어도 그 효능이 빼어나다.《다능집多能集》[36]

— 《정조지》 권4, 〈채소 음식〉, 엄장채, 상추 절이기[37]

**벽간갱**碧澗羹  근芹은 미나리(楚葵)이다. 두 가지 종류가 있는데, 적근荻芹은 뿌리를 취하고, 적근赤芹은 잎과 줄기를 취하며 모두 먹을 수 있다. 2~3월에 꽃 몽우리가 돋을 때 따서 끓는 물에 넣었다가 꺼낸다. 식초(沽酒)에 겨자를 갈아 넣은 다음 소금과 회향을 넣고 담가두면 김치를 만들 수 있다. 데치고서 국을 끓이면 맑고 향기로운 냄새로 인해 마치 푸른 계곡(碧澗)에 있는 듯하다. 그래서 두보杜

---

33) 거가필용居家必用: 중국 원元나라 때에 편찬된 저자 미상의 가정백과전서로, 원제목은 《거가필용사류전집居家必用事類全集》이다. 갑집甲集에서 계집癸集까지 10집으로 구성되며, 건축·식품·의류·주거 생활 등 각 가정에서 필수적으로 활용할 수 있는 사항을 수록하고 있다. 고려 말 우리나라에 도입되어 조선 후기까지 널리 활용되고 읽혔으며, 《정조지》뿐만 아니라 《임원경제지》 관련 지지 곳곳에 인용되었다.
34) 【芥末茄方】小嫩茄切作條,不須洗曬乾,多着油鍋內,加鹽炒熟,入磁盆中攤開,候冷,用乾芥末,勻糝拌磁器收貯《居家必用》
35) 【松椒煎方】海帶水浸,移時控起,絞去水,扯作小狹條長可數寸許,每一條,包胡椒一粒,海松子[去皮]一粒而紐結之,熱銚內滾油煎之《饔饎雜志》
36) 다능집多能集: 중국 청나라의 문인 석성금石成金(?~?)의 저서. 《전가보傳家寶》에 수록되어 있다.
37) 【醃萵苣方】萵苣葉醃起曬乾,夏月拌麻油,飯上蒸熟,吃飯最妙,且能殺腹中諸蟲,合肉煮食,亦妙《多能集》

甫의 시에 "향기로운 미나리로 푸른 계곡의 국(碧澗羹) 끓였네"라는 구절이 있는 것이다.《산가청공》

— 《정조지》 권4, 〈채소 음식〉, 자잡채, 벽간갱(미나리국) 끓이기[38]

**가지김치**茄菹  여름철에 가지김치 담그는 법: 온전하고 신선한 물가지를 가려 꼭지를 떼고 항아리에 넣는다. 팔팔 끓는 물에 약간 싱겁게 소금을 타서 식힌다. 마늘을 갈아서 즙을 낸 다음 가지에 고루 섞는다. 여기에 소금물을 부어 가지가 잠기도록 담은 뒤, 항아리 아가리를 며칠 묶어두었다가 먹는다. 간혹 칼로 가지의 배를 가른 다음 파·마늘 같은 양념을 넣는데, 이렇게 하면 가지 물이 두루 스며 나와서 가지의 본래 맛을 잃게 될 것이다.《증보산림경제》

— 《정조지》 권4, 〈채소 음식〉, 저채, 가지김치(茄菹, 가저) 담그기[39]

**송이적**松茸炙  송이를 참기름과 좋은 간장에 담갔다가 숯불에 구워 반쯤 익혀 먹는데, 채소 중에서 선품仙品(신선이 먹는 식품)이다. 밀이 익을 즈음에 잡목 아래에 나는 가짜 송이도 소나무 기운이 있어 먹을 만하다.《증보산림경제》

묘향산妙香山과 개골산皆骨山의 여러 승려들은 매년 가을 8월이 되면 각기 기름간장과 밀가루를 들고 깊은 계곡에 들어가서 송이[어린 송이버섯의 맛이 더 좋다]를 채취한다. 이 송이의 기둥을 세로방향에서 십자로 가른 뒤, 밀가루와 기름간장을 채워 넣고 띠풀을 얽어 묶으면 그 모양이《예기禮記》〈내칙內則〉에서 말한 '대敦'·'모牟'[40]와 같다. 이것을 진흙으로 싼 뒤 섶나무를 쌓아 불살라서 푹 익었을 때 기다려 찢으면, 향기가 온 계곡에 가득하며 맛은 천하에서 으뜸이다.《어우야담於于野談》[41]

— 《정조지》 권4, 〈채소 음식〉, 외증채, 송이 굽는 법[42]

---

38) 【碧澗羹方】芹,楚葵也.有二種,荻芹取根,赤芹取葉與莖,俱可食.二三月作英時采之,入湯取出,以苦酒研芥子,入鹽與茴香漬之,可作菹.惟瀹而羹之,既清而馨,猶碧澗然,故杜甫有'香芹碧澗羹'之句.《山家清供》
39) 【茄菹方】夏月作茄菹法:水茄子揀完鮮者,去蔕入缸,用白沸湯,調鹽稍淡,放冷.大蒜磨研汁,和勻,灌淹之,令水浸過茄上,紮口數日,食之.或以刀劙開茄腹,入葱蒜之類,如此則茄水漏滲,失其本味矣.《增補山林經濟》
40) 대敦·모牟: 옛날에 기장을 담아두던 그릇.《예기》〈내칙〉에서 자식이 함부로 쓰면 안 되는 부모의 물건을 예로 들면서 기장을 담아두던 이 두 용기를 언급했다. 대敦는 원래 술잔이고 모牟는 원래는 흙으로 구운 솥이었는데, 나중에는 곡식을 담는 그릇으로 사용되었다고 한다.
41) 어우야담於于野談: 조선 중기 문신인 어우於于 유몽인柳夢寅(1559~1623)이 광해군 때 은둔 생활 중에 지은 한국 최초의 설화집.

**흑두초**黑豆炒 서리태 10승을 솥에 넣고 삶은 다음 물이 차갑게 식어 다 스며들도록 그대로 솥 안에 둔다. 다시마 1줌(把)을 2~3촌 길이로 잘라서 깨끗이 씻고, 생강 채와 귤껍질 채 각각 약간, 간장 1사발, 참기름 1사발, 벌꿀 1작은잔을 서리태와 함께 솥에 넣고 고루 휘저어 중간불로 졸인다. 다시마가 푹 익고 간장과 기름이 고膏와 같이 끈적끈적해지면 꺼낸다. 볶은 참깨·잣가루·후추 가루를 뿌려 자기 항아리에 저장해 둔다. 《옹치잡지》

— 《정조지》 권4, 〈채소 음식〉, 유전채, 흑두초(콩조림) 만들기[43]

## 3. 영양밥상

**혼돈반**渾沌飯 멥쌀·붉은팥·익은 밤·말린 대추를 서로 섞어 밥을 짓는데, 먼저 붉은팥을 푹 삶은 다음 멥쌀·대추·밤을 넣고 푹 쪄서 떡처럼 퍼질 정도로 푹 익힌다. 찹쌀을 조금 더하여 찰기를 띠게 하면 더욱 좋다. 《옹치잡지》

— 《정조지》 권2, 〈익히거나 찌는 음식〉, 밥, 혼돈반 짓기[44]

**국화잎국** 국화에는 두 가지가 있는데, 줄기가 붉고 향기가 좋으며 맛이 단 국화라야 그 잎으로 국을 끓일 수 있다. 줄기가 푸르고 큰 국화는 국을 끓일 수 없다. 봄에 어린 잎을 따서 씻고 데친 다음 기름으로 약간 볶아서 익으면 생강과 소금을 넣고 국을 끓인다. 마음을 맑게 하고 눈을 밝게 해준다. 여기에 구기자를 더하면 더욱 빼어날 것이다. 《산가청공》

— 《정조지》 권4, 〈채소 음식〉, 자잡채, 자국묘방(국화 싹 삶기)[45]

---

42) 【松茸炙方】松茸蘸香油美醬,炭火炙之,至半熟食之,菜中仙品.小麥熟時,雜木下生假松茸,亦有松氣,可食《增補山林經濟》 妙香·皆骨諸山僧,每秋八月,各齎油醬·糜麪,入深谷採松茸[童芝尤美];十字剖莖,裝入眞麪·油醬,編茅束之,如禮所謂敦牡裏以途泥.積薪燃之,待其爛熟擘之,香滿一壑,味絶天下《於于野談》

43) 【黑豆炒方】黑大豆一斗入鍋煮,冷水泡盡,仍放在鍋內.海帶一把截作數寸長洗淨,同薑絲·橘絲各少許,淸醬一碗,香油一碗,蜂蜜一小盞,下鍋攪勻,文武火熬之.待海帶糜爛,醬油粘濃如膏,取出,糝炒芝麻·海松子屑·胡椒屑,磁缸收貯《饔饎雜志》

44) 【渾沌飯方】粳米·赤豆·熟栗·乾棗,相和爲飯.先將赤豆煮熟,次入粳米·棗·栗爛蒸之,令糜爛如饐,略加糯米,使有粘氣尤好《饔饎雜志》

45) 【煮菊苗方】菊有二種,莖紫氣香而味甘,其葉乃可羹,莖靑而大者非也.春采苗葉洗焯,用油略炒熟,下薑鹽作羹.可淸心明目.加枸杞,尤妙矣《山家淸供》

**장황과**醬黃瓜  간장에 황과黃瓜(오이) 절이는 법: 4~5월에 적전耤田[46]에서 황과가 처음으로 씨를 맺을 때, 고욤나무열매(君遷子, 군천자)[47] 크기와 같이 작고 어린 황과를 따다 칼로 꼭지를 잘라내고, 꼭지 주위를 따라 칼을 넣어 속을 제거한다. 두부·고기·파·산초 등을 흐물흐물하게 갈아서 황과 뱃속에 메워 넣는다. 그리고 이보다 먼저 오래 묵은 좋은 간장에 살진 소고기를 넣고 푹 달인 다음 자기 항아리에 담은 뒤, 속을 채워 넣은 황과를 집어넣는다. 하룻밤이 지나면 먹을 수 있다.《옹치잡지》

— 《정조지》 권4, 〈채소 음식〉, 제채, 장과가(간장절임오이와 간장절임가지)[48]

**자국묘**煮菊苗  여린 잎을 끓는 물에 데친 다음 녹두가루를 입혀서 살짝 지진 뒤, 다른 채소와 함께 식초 섞은 간장을 끼얹어 먹으면 맑은 향기가 입을 상쾌하게 한다.《옹치잡지》

— 《정조지》 권4, 〈채소 음식〉, 자잡채, 자국묘방(국화 싹 삶는 법)[49]

**통신병**通神餅  생강은 얇게 썰고 파는 가늘게 썬다. 생강과 파는 각각 밀가루를 조금 섞는다. 약간의 감초(國老)를 곱게 가루 낸 뒤 밀가루에 섞으면 아마 나쁘지는 않을 것이다. 기름을 약간 넣고 지져서 먹으면 추위를 끊을 수 있다. 주희朱熹의 《논어집주論語集註》에서 "생강은 신명을 통하게 한다(薑通神明)"[50]라 했으므로 이와 같은 이름을 붙였다.《산가청공》

— 《정조지》 권4, 〈채소 음식〉, 유전채, 통신병(생강대파지짐)[51]

---

46) 적전耤田: 임금이 조묘祖廟에 진공進供할 미곡을 직접 갈고 심는 전지.
47) 고욤나무열매(君遷子, 군천자): 감나무과에 속하는 낙엽활엽 교목의 열매. 식용·염료·약재로 쓰이는데, 염료로는 성숙하기 전의 것을 이용한다. 소시小柿·군천자君遷子·우내시牛奶柹(牛媚柹)·정향시丁香柹·흑조黑棗라고도 한다.
48) 【醬瓜茄方】醬黃瓜法:四五月, 耤田瓜初結子時,摘取小嫩瓜,菫如君遷子大者,去蔕以刀,從蔕邊入,剜去瓤,用豆腐·肉料·蔥·椒等研,爛,塡入瓜了腹內,先將陳久好醬,入肥牛肉煉熟,盛黃缸內,以瓜子投之.一宿可食《饔饎雜志》
49) 【煮菊苗方】嫩葉沸湯焯過,拖綠豆粉微煎,伴他茱沃醬醋食之,清香爽口《饔饎雜志》
50) 생강은~한다: 공자는 《논어論語》〈향당鄕黨〉에서 "생강 먹는 것을 거두지 않았다(不撤薑食)"고 했고, 주희는 그 문장에 "생강이 신명을 통하게 하고 더럽고 나쁜 것을 제거하므로 매끼 거르지 않았다(薑通神明,去穢惡,故不撤)"고 주를 달았다. 중국인의 식생활에서 생강이 치지하는 지위를 엿볼 수 있는 글이다. 또한 조선 후기의 학자인 추사 김정희는 〈대팽고회大烹高會〉라는 대련에서 "대팽두부과강채大烹豆腐瓜薑菜, 고회부처아녀손高會夫妻兒女孫"이라 하였다. "좋은 반찬은 두부 오이 생강나물, 훌륭한 모임은 부부와 아들딸 손자이네"라고 번역되므로 생강에 대한 조선 선비의 사랑을 엿볼 수 있다.
51) 【通神餅方】薑薄切,蔥細切,各以和稀麵,宜以少國老細末和入麵,庶不惡.入淺油煤,能已寒.朱氏論語註云:"薑通神明",故名.《山家清供》

## 4. 연잎밥상

**연잎밥** 연잎으로 밥을 싸면 더위에도 밥이 쉬지 않는다.《화한삼재도회和漢三才圖會》[52]

— 《정조지》 권2, 〈익히거나 찌는 음식〉, 밥, 밥 쉬지 않게 하기[53]

**무김치** 무 싱겁게 김치 담그는 법: 늦가을과 초겨울에 날씨가 추워지면 손가락 2~3개 두께의 어린 무를 뽑아서 칼로 껍질을 긁어내고 잎을 잘라낸 뒤 깨끗이 씻어 항아리에 넣는다. 감천수를 팔팔 끓였다가 식으면 소금을 섞는다. 소금물을 맑게 가라앉혀 찌꺼기를 걸러낸 다음 무가 든 항아리에 맑은 소금물만 부어 재료들이 잠기도록 담고 볏짚으로 항아리를 싸서 땅에 묻는다. 여기에 어린 오이·부드러운 가지·석잠풀뿌리(滴露根, 적로근)·송이·생강[껍질을 벗기고 썬 것]·총백·녹각채·천초[씨를 제거한 것]·고추(蠻椒, 만초) 따위를 추가로 함께 담그면 더욱 맛이 좋다.《증보산림경제》

— 《정조지》 권4, 〈채소 음식〉, 저채, 무김치[54]

**과제**瓜䔢 첨과제甜瓜䔢(절임참외): 몸통에 띠가 생긴 참외 10개를 대나무 꼬챙이로 완전히 뚫은 다음 소금 4냥을 참외 속에 고루 넣는다. 그런 다음 참외 안에 생긴 물을 걸러내고 말린다. 여기에 간장 10냥을 고루 섞은 다음 땡볕에 말리는데, 뒤집어가며 다시 볕에 말리기를 반복한다. 다 마르면 새 자기 그릇 안에 넣어 갈무리한다. 소금과 간장을 쓸 때는 또한 참외의 크기를 보고 양을 헤아려야 알맞게 된다.《거가필용》

채과제菜瓜䔢(절임참외): 덜 익은 참외를 골라 1근마다 몸통의 옆줄을 따라서 잘라낸 다음 속은 빼내고 쓰지 않는다. 이를 팔팔 끓인 물에 데친 다음 소금 5냥에 뒤집어가며 고루 비벼준다. 두시

---

52) 화한삼재도회和漢三才圖會: 일본 에도 시대 중기의 의사인 데라지마료안(寺島良安)이 1713년에 지은 105권의 총서로, 천문·지리·인사·사물에 관한 백과사전이다. 1607년에 중국에서 간행된 왕기王圻의 《삼재도회三才圖會》를 본따서 천·지·인 3재에 대하여 부부를 나누고 여러 도보圖譜를 모아 싣고 그림에 설명을 덧붙였다.

53) 【飯不餿法】用荷葉裹飯,當暑不餿《和漢三才圖會》

54) 【蘿蔔淡葅方】蘿蔔淡葅法,秋末冬初,待天氣寒冷,收嫩根蘿蔔二三指大者,刮去皮去葉,淨洗入甕甘泉水煎百沸,候冷調鹽,澄淸濾滓,灌淹之.稻藁裹甕埋地,更將嫩瓜子·軟茄子·滴根·松茸·生薑[去皮切]·蔥白·鹿角菜·川椒[去目]·蠻椒之屬同沈則尤佳《增補山林經濟》

豆豉가루 0.5근, 식초 0.5근, 면장麪醬 0.5근, 마근馬芹·천초·말린 생강·진피·감초·회향 각 0.5냥, 무이蕪荑 2냥을 함께 곱게 가루 낸다. 이를 참외와 같이 한 곳에서 고루 섞어 자기 항아리에 넣고 서늘한 곳에 눌러 놓아둔다. 보름 정도 지나면 익어서 참외의 색이 투명해져서 마치 누런색 보석인 호박琥珀과 비슷해지며, 맛이 매우 향기롭고 빼어나다.[(안案)⁵⁵⁾참외·호과胡瓜는 모두 이 방법을 본떠 만들 수 있다.]《군방보》

오이 3번 달이는 법: 단단하고 늙은 오이를 세로로 2조각으로 썬다. 1근마다 소금 0.5냥, 간장 1냥, 자소·감초 약간에 담근다. 24시간이 지난 뒤에 소금기가 있는 채로 밤에는 삶고 낮에는 볕에 말린다. 모두 3번, 삶은 뒤에 볕에 말리는데, 비가 내리면 시루 위에 올려서 찐 다음 볕에 말렸다가 저장한다.《중궤록中饋錄》⁵⁶⁾

— 《정조지》 권4, 〈채소 음식〉, 제채, 과제(절임참외)⁵⁷⁾

**남과적**南瓜炙 늙고 누런 호박을 잘 저장하면 다음해 봄 3월까지 둘 수 있다. 솔잎에 새순이 돋아날 때, 이 호박을 손가락 1개 두께의 가락으로 썬다. 이를 솔잎 순이 난 가지로 꿴 다음 참기름과 간장을 바른 뒤, 화롯불에 푹 구우면 달고 향기로운 맛이 비할 데가 없다.《옹치잡지》

— 《정조지》 권4, 〈채소 음식〉, 외증채, 남과적(호박 구이) 만들기⁵⁸⁾

**남초초**南椒炒 7월에 고추 줄기와 잎을 취하여 깨끗이 씻고 데친 다음 건져서 물기를 짜낸다. 이를 다시 솥에 넣고 좋은 간장과 참기름에 반쯤 익도록 볶다가 참깨·표고·석이·생강 채·귤껍질 채·총

---

55) (안) '案'은 나의 생각 정도로 이해하면 좋다. 여기서는 풍석 서유구 선생의 의견을 가리킨다.
56) 중궤록中饋錄: 중국 남송 말기에 절강성 포강浦江 인근에서 활약한 저명한 여류 요리사 오씨吳氏가 쓴 요리책.
57) 【瓜虀方】甜瓜虀,甜瓜十枚帶生者,竹籤穿透,鹽四兩,拌入瓜內,瀝去水,令乾,用醬十兩拌勻,烈日曬,翻轉又曬,令乾,入新磁器內收之.用鹽用醬,又看瓜大小,斟量用之,宜《居家必用》
  菜虀,揀未熟瓜,每斤隨瓣切開,去瓤不用,先百沸湯焯過,以鹽五兩,勻擦翻轉,豆豉末半斤,醯醋半斤,麪醬半斤,馬芹·川椒·乾薑·陳皮·甘草·茴香各半兩,蕪荑二兩,竝爲細末,同瓜一處拌勻,入瓷甕內,醃壓於冷處,頓之經半月後則熟,瓜色明透,絶類琥珀,味甚香美.〔案〕甜瓜·胡瓜,皆可倣法造.○群芳譜】
  三煮瓜法,靑瓜堅老者,切作兩片,每一斤,用鹽半兩,醬一兩,紫蘇·甘草少許醃,伏時,連滷,夜煮日曬,凡三次煮後曬,至雨天,留甑上烝之,曬乾收貯《中饋錄》
58) 【南瓜炙方】老黃南瓜,善藏則可留至春三月.松葉抽筍時,取南瓜切作一指大條,以松筍穿過,蘸油香·醬清,爐火炙熟,甘香尠倫《饔饎雜志》

백·회향·시라·후추 가루를 넣고 기름을 더하여 다시 푹 볶는다. 식게 두었다가 저장해 둔다.《옹치잡지》

— 《정조지》 권4, 〈채소 음식〉, 유전채, 남초초(고춧잎볶음)[59]


## 5. 고구마밥상

**저반藷飯** 고구마[60]를 햇볕에 말리고 잘게 썬 다음 멥쌀과 함께 밥을 지으면 맛이 단데다 오랫동안 배가 불러 허기지지 않는다.《감저신보甘藷新譜》[61]

멥쌀로 밥을 지으면서 멥쌀이 익을 듯 말듯 할 때 비로소 고구마쌀(藷米, 잘게 썰어둔 고구마)을 넣어서 함께 찌되 뜸을 들이는 정도면 된다. 고구마쌀이 너무 익으면 곤죽이 될까 염려되기 때문이다.《옹치잡지》

— 《정조지》 권2, 〈익히거나 찌는 음식〉, 밥, 저반(고구마밥) 짓기[62]

**고구마 잎** 고구마 잎은 성질이 평하고 맛이 싱겁다. 국 끓이는 방법은 명아주잎국이나 콩잎국과 같다. 남쪽 지방 사람들은 고구마 잎으로 임산부를 몸조리시킨다. 만약 볕에 말려 국을 끓이면 맛이 산에서 나는 미역(山藿)과 같다.《감저신보》

고구마 잎을 푹 쪄서 밥을 싸 먹으면 향기와 맛이 곰취에 대적할 만하다.《종저보》

— 《정조지》 권4, 〈채소 음식〉, 자잡채, 고구마잎 삶기[63]

---

59) 【南椒炒方】七月取南椒莖葉, 洗淨煿過, 控起, 絞去水, 復入鍋, 用美醬·香油炒半熟, 入芝麻·香蕈·石耳·薑絲·橘絲·蔥白·茴香·蒔蘿·胡椒屑, 添油更炒熟, 放冷收貯.《饔餼雜志》
60) 고구마: 풍석 서유구는 전라도 관찰사로 재직 중이던 1834년(순조 34년) 구황작물로서의 고구마의 중요성을 인식하고 《종저보種藷譜》를 지어 백성들에게 보급하기 위하여 애썼다.
61) 감저신보: 1813년 김장순金長淳이 고구마의 재배와 활용에 대하여 쓴 책.
62) 【藷飯方】甘藷暴乾剉碎, 同粳米作飯, 味甘且久飽不饑.《金氏甘藷譜》
炊粳米, 將熟未熟, 始入藷米同蒸, 令氣餾爲可, 藷米過熟, 則恐糜爛也.《饔餼雜志》
63) 【煮藷葉方】甘藷葉性平味淡. 作羹, 與藜藿同. 南人以救療産婦. 若乾曝作羹, 味與山藿同.《金氏甘藷譜》
甘藷葉烝熟裹飯而茹, 香美可敵熊蔬.《種藷譜》

**숭저**菘菹 배추는 첫서리가 막 내린 뒤에 곧바로 거두어 일반적인 방법에 따라 싱거운 김치를 담근다. 이를 항아리에 저장하고 뚜껑을 덮은 뒤, 땅속에 묻어 공기가 통하지 않게 한다. 봄이 되어 열어보면 그 색이 새것과 같고 맛도 맑고 시원하다.《증보산림경제》

— 《정조지》 권4, 〈채소 음식〉, 저채, 배추김치(숭저) 담그기[64]

**두부** 두부豆腐는 한나라의 회남왕淮南王 유안劉安[65]이 처음으로 만들었다. 흑두·황두·백두에 관계없이 물에 담갔다가 맷돌에 갈아서 찌꺼기를 걸러내고 달여서 만든다. 간수를 넣어 솥에서 거둔 다음 포대에 담는다. 버드나무를 깎아 품대品帶[66] 모양과 같은 틀을 만들고, 포대를 그 안에 넣는다. 판 2개로 아래위에서 눌러주면 저절로 둥근 덩어리가 완성된다. 이를 잘 잘라서 국을 끓이기도 하고, 편으로 잘라 굽거나, 고치에 끼워서 즙을 가하여 연포軟泡를 만들기도 하는데 모두 맛이 좋다.《고사십이집攷事十二集》[67]

— 《정조지》 권4, 〈채소 음식〉, 소채, 두부 만들기[68]

**장만초**醬蠻椒 붉게 익은 만초자蠻椒子(고추)를 따서 꼭지에 가까운 주변을 0.01~0.02척 정도 썰어낸 뒤, 씨를 털어낸다. 두부·파·산초·고기를 흐물흐물하게 다진 다음 고추 껍질 안에 채워 넣은 뒤, 졸인 간장 안에 넣어 상에 올린다. 간혹 어리고 작은 호과자胡瓜子(오이) 안에 다시 넣어도 좋다.《옹치잡지》

— 《정조지》 권4, 〈채소 음식〉, 제채, 장만초(홍고추소박이)[69]

---

64) 【菘菹方】菘纔經初霜卽收,依常法作淡菹,貯甕封蓋,埋地中勿令泄氣,至春發之,則其色如新,味亦淸爽《增補山林經濟》
65) 유안劉安: 한 고조 유방劉邦의 손자로 회남왕에 봉해졌으며 《회남자淮南子》를 저술하였다.
66) 품대: 벼슬아치들이 품계에 따라 차는 띠.
67) 고사십이집: 서유구의 할아버지 보만재保晩齋 서명응徐命膺(1716~1787)이 지은 사대부 생활 백과로 흔히 유서類書로 분류된다. 《보만재총서保晩齋叢書》에 수록되어 있으며 12부 중에서 제11부인 술집戌集에서 음식을 다뤘다.
68) 【豆腐方】豆腐,漢淮南王劉安始造,無問黑黃白豆,水沈,磑磨濾去滓,煎成,以鹽滷汁,就釜收之,盛貯布袋,削柳爲規如品帶形,納布帒于中,兩板壓其上下則自成圓塊,或細切煮羹,或作片燔炙,或穿串加汁以爲軟泡,皆佳《攷事十二集》
69) 【醬蠻椒方】紅熟蠻椒子摘取,切去近蔕邊一二分許,抖擻去仁,將豆腐·蔥·椒·肉料,剁爛,塡實蠻椒子皮內,投煉熟醬內,供之.或更入嫩小胡瓜子亦佳《饔饎雜志》

# 【죽상】

## 총론

**죽** 죽鬻이란 쌀을 물 속에 넣고 끓여 흐물흐물해진 상태이다. 황제黃帝가 처음으로 곡식을 끓여서 죽을 만들었다.[안사고顔師古의 《한서》 주註에 보인다.] 된 것을 '전饘'이라 하고, 묽은 것을 '죽鬻'이라 한다.[공영달孔穎達의 《예기》〈단궁檀弓〉 소疏에 보인다.] 빽빽한 것을 '미麋'라 하고, 물이 많은 것을 '죽鬻'이라 한다.[형병邢昺의 《이아爾雅》 소에 보인다.] 죽 중에 맑은 부분을 '이酏'라 한다.[가규賈逵는 "이酏는 죽의 맑은 부분이다. 맑은 부분은 죽에서 쌀을 제거한 것이다"라 했다.] 이粚[음이 이俀이다]와 호䬳[음이 호胡이다]와 독䉵[음이 독牘이다]은 모두 죽의 별명이다. 《옹치잡지》

— 《정조지》 권2,〈익히거나 찌는 음식〉, 죽, 총론[70]

## 1. 갱미죽상

**갱미죽**粳米粥 흰죽은 늦벼로 쑤어야 가장 좋다. 돌솥으로 쑤면 맛이 좋고, 무쇠솥이 다음이고, 노구솥이 가장 못하다. 감천수를 쓰면 더 좋다. 샘이 나쁘면 죽의 색이 누렇고 제대로 되지 않는다.

죽 쑤는 법 : 정미한 흰쌀을 여러 번 씻는다. 뜨거운 솥에 참기름을 떨어뜨리고 여기에 쌀을 살짝 볶아 쌀에 기름이 다 스며들기를 기다린다. 그런 다음 물을 많이 붓고 섶나무불로 계속 끓이다가 반쯤 익어 즙이 탁해지려 하면 곧 놋국자로 그 즙을 깨끗한 그릇에 떠낸다. 또 놋국자 등으로 쌀을 아주 잘게 문질러서 쌀알이 엉기지 않도록 한다. 여기에 다시 참기름을 넣고 고르게 저어 가면서 조금도 눌어붙지 않도록 끓인다. 떠놓은 즙을 놋국자로 서서히 죽에 더하여 넣되, 그 즙이 졸아들면 바로 더 넣는다. 이런 식으로 계속 끓이다가 더할 즙이 없어야 그친다. 그러면 그 죽은

---

70) 鬻【總論】鬻,米投水中,粥粥然也.黃帝始烹穀爲鬻.[見顏師古《漢書》註]厚曰饘,希曰鬻.[見孔穎達《禮·檀弓》疏]稠者曰麋,淖者曰鬻.[見邢昺《爾雅》疏]鬻之清者曰酏.[賈逵曰:"酏爲粥清者也,粥而去米也."]粚[音俀]也,䬳[音胡]也,䉵[音牘]也,皆鬻之別名也.《饔餼雜志》

우유죽牛乳粥처럼 충분히 진해진 상태이다. 맑은 새벽에 이 죽을 마시면 진액津液이 생겨 노인에게 매우 좋다.《증보산림경제》

— 《정조지》 권2, 〈익히거나 찌는 음식〉, 죽, 갱미죽(쌀죽) 쑤기[71]

**장사삼**醬沙參 사삼 뿌리를 끓는 물에 넣고 약간 데쳐서 쓴맛을 제거하고 껍질을 벗긴다. 산초·생강·볶은 참깨 등의 양념과 같이 졸인 간장 속에 넣어 먹는다. 도라지도 이와 같이 한다.《옹치잡지》

— 《정조지》 권4, 〈채소 음식〉, 제채, 장사삼(더덕간장무침)[72]

## 2. 원기보양죽상

**양원죽**養元粥 찹쌀 1승, 멥쌀 1승은 누렇게 볶고, 찹쌀 1승, 멥쌀 1승은 생으로 쓴다. 모두 4승이다. 위 재료를 한 곳에서 골고루 섞은 뒤, 맷돌에 잘게 갈아 가루를 낸다. 이 가루를 포대에 저장해 두었다가 쓸 때마다 조금씩 죽을 쑤고 꿀을 끼얹어 상에 올리면 원기를 보양하는 효능이 있다.《옹치잡지》

— 《정조지》 권2, 〈익히거나 찌는 음식〉, 죽, 양원죽(원기보양죽) 쑤기[73]

**구기채**枸杞菜 구기자 싹을 양고기와 섞어 국을 끓이면 사람을 이롭게 하여 풍風을 제거하고 눈을 밝게 한다.《약성본초》

구기자의 어린 잎과 순(苗)을 채취하여 끓는 물에 데치고 참기름을 섞어 먹는다. 4계절 중에 겨울에만 먹는다.《증보도주공서增補陶朱公書》[74]

— 《정조지》 권4, 〈채소 음식〉, 자잡채, 구기채(구기자나물)[75]

---

71) 【粳米粥方】白粥晚稻米爲上.用石鼎者則味佳,水鐵鼎次之,鍮鐺爲下用甘泉則尤佳.泉劣則粥色黃而不成也,煮法:精鑿白米多洗下熱鼎滴香油略炒待油盡入.然後多灌水,用柴木火連連煎去,至牛熟汁欲渾,便以鍮杓酌出其汁於淨器.又以鍮杓之背微微磨碾,而勿令粒米成泥.復入香油攪勻,無少住火,滾煮之.用鍮杓,取酌出之汁次次添下於粥中,其汁旋縮旋添,煮到無汁可添乃止,則其粥十分濃稠如牛乳粥.淸晨啜之,生津液,甚宜老人《增補山林經濟》

72) 【醬沙參方】沙參根入沸湯中略煠去苦味,去皮.同椒·薑·炒芝麻等物料,投煉熟醬中食之.桔梗亦倣此《饔饌雜志》

73) 【養元粥方】糯米一升,粳米一升炒黃糯米一升,粳米一升生用,共四升;一處和勻,石磨磨細爲屑.布俗收貯,遇用時取少許,煮爲粥,澆蜜供之,有補養眞元之功《饔饌雜志》

## 3. 방풍죽상

**방풍죽**防風粥 아침 이슬을 머금은 방풍나물의 첫 싹을 가져다 해를 보지 않게 둔다. 곱게 정미한 멥쌀로 죽을 쑤다가 반쯤 익으면 방풍나물을 넣고, 끓어오르면 차가운 오지그릇에 옮겨 담는다. 반쯤 식혀서 먹으면 달콤한 향기가 입 안에 가득해 3일이 지나도 사그라들지 않는다.《허집許集》[76]

— 《정조지》 권2, 〈익히거나 찌는 음식〉, 죽, 방풍죽(방풍나물죽) 쑤기[77]

**고사리나물** 3월에 어린 고사리를 채취한 다음 푹 찐다. 여기에 마른 재를 섞어 볕에 말렸다가 재를 씻어 버린 뒤, 다시 볕에 말려 거둔다. 먹을 때 끓는 물에 담가서 부드럽게 하고 파·기름·간장으로 볶아 익히면 맛이 좋다.《구선신은서臞仙神隱書》[78]

— 《정조지》 권4, 〈채소 음식〉, 건채, 고사리 말리기[79]

## 4. 마죽상

**산우죽**山芋粥 [산우山芋는 곧 마(山藥)로, 산에서 난 것이 좋다.] 마의 껍질을 벗긴 다음 돌 위나 새 질그릇 위에서 진흙처럼 곱게 갈아 0.2승을 만들고, 여기에 꿀 2술을 넣는다.[(안)어떤 판본에는 '우유 2종지'가 있다.] 이를 뭉근한 불에 함께 볶다가 아주 뜨거워지고 나서야[아주 뜨겁지 않으면 먹을 때 목구멍이 맵다.] 흰죽 한 그릇에 넣고 잘 저어 먹는다.《구선신은서》

다른 방법: 마를 대나무 칼로 깎아 껍질을 벗기고 물에 담근 다음 백반 가루 약간을 물속에

---

74) 증보도주공서: 중국 월越나라 재상 범려范蠡에 가탁하여 쓴 책.
75) 【枸杞菜方】枸杞苗和羊肉作羹,益人除風明目《藥性本草》
嫩葉及苗頭採取,湯焯以麻油拌食之.四時惟冬食之《增補陶朱公書》
76) 성소부부고성所覆瓿藁: 허균許筠(1569~1618)의 문집인 《성소부부고惺所覆瓿藁》 속의 요리 문헌인 〈도문대작屠門大嚼〉.
77) 【防風粥方】乘露曉滴初芽,令不見日.精春粳米作粥,半熟投之,候其沸,移盛於冷瓷碗.半溫而食之,甘香滿口,三日不衰《惺所覆瓿藁》
78) 구선신은서: 중국 명나라 태조 주원장의 제16자인 영헌왕寧獻王 주권朱權(1378~1448)이 신선, 은둔, 섭생 등에 관해 쓴 책.
79) 【乾蕨方】三月採嫩蕨,蒸熟,以乾灰拌之,曬乾洗去灰,又曬乾收之.臨食,以湯浸令軟,蔥油醬炒熟,味佳《臞仙神隱書》

뿌려 넣는다. 하룻밤을 묵혔다가 씻어서 점액을 없앤다. 음지에서 말리거나 불에 쬐어 말린 다음 빻고 체로 걸러 가루 낸 뒤, 꿀물에 죽을 쑨다.《옹치잡지》

— 《정조지》 권2, 〈익히거나 찌는 음식〉, 죽, 산우죽(마죽) 쑤기[80]

**목두채**木頭菜　목두채木頭菜(두릅)에는 진짜와 가짜가 있는데, 진짜[나무에 가시가 없는 두릅]이 진짜이다. (안)목두채는 《관휴지灌畦志》[81]에 자세히 보인다]를 취하여 푹 삶은 다음 물에 한나절 담갔다가 물기를 짜내고 초간장이나 기름소금에 먹는다.《증보산림경제》

— 《정조지》 권4, 〈채소 음식〉, 자잡채, 목두채(두릅나물) 만들기[82]


## 5. 녹두죽상

**녹두죽**綠豆粥　녹두를 질그릇에 흐물흐물하게 삶았다가 쌀죽이 조금 끓으면 녹두를 넣어서 같이 끓인다.《산가청공》

다른 방법: 먼저 생강을 넣고 달이다가 생강을 버린 다음 흰 꿀을 섞는다. 또 녹두를 삶아 흐물흐물하게 익힌다. 이어서 멥쌀을 찧어서 거칠게 가루 낸다. 이어서 찹쌀가루를 생강 즙에 반죽하고 주물러서 새알심을 만든다. 이 새알심은 멥쌀가루와 함께 녹두 즙에 넣고 고르게 섞은 다음 다시 죽을 쑨다. 완두죽이나 동부죽도 모두 이와 같다.《옹치잡지》

— 《정조지》 권2, 〈익히거나 찌는 음식〉, 죽, 녹두죽 쑤기[83]

---

80)【山芋粥方】[山芋,卽山藥,山生者佳]去皮,於石上,或新瓦上,細磨如泥一合蜜一匕[案]一本有'牛乳 二鍾']於慢火上同炒令極熱[不極熱則辣喉],乃投白粥一椀中,攪勻食《臞仙神隱書》
一法:山藥竹刀刮去皮,以水浸之,糝白礬末少許入水中,經宿洗淨去涎.陰乾或焙乾,擣羅爲粉,白蜜水煮之《饔饎雜志》
81) 관휴지:《임원경제지》제2지로 채소 약초 농사 백과이다.
82)【木頭菜方】木頭菜有眞假,取眞者[木無刺者爲眞.(案)木頭菜,詳見《灌畦志》]煮熟,浸水半日,絞去水氣,用醋醬或油鹽供之《增補山林經濟》
83)【綠豆粥方】綠豆用瓦缾爛煮,候粥少沸,投之同煮《山家清供》
一法:先用生薑煎湯,去薑和白蜜,煮綠豆爛熟.次將粳米擣作麤屑.次將糯米粉薑汁溲之,捏作小毬子.同粳米屑入綠豆汁中攪勻,更煮爲粥.豌豆·豇豆粥,皆倣此《饔饎雜志》

**탕평채**蕩平菜   녹두유綠豆乳[84)][(안)민간에서는 '청포靑泡'라 한다]·돼지고기·미나리 싹을 잘게 잘라 초간장(醋醬)으로 버무린 음식이다. 매우 시원한 맛을 내므로 늦봄에나 먹을 수 있다.《경도잡지》

— 《정조지》 권7, 〈절식〉, 중삼절식, 탕평채 만들기[85)]


## 6. 율무죽상

**의이죽**薏苡粥   율무를 물에 담갔다가 곱게 간 다음 물에 가라앉히고 찌꺼기를 걸러낸 뒤 가루를 취한다. 이어 가루를 햇볕에 말린 다음 저장한다. 매번 조금씩 꿀물로 죽을 쑨다. 이것이 내의원內醫院의 약방에서 하는 방식이다. 혹 쪄서 가루 낸 것은 맛이 훨씬 뒤진다.《옹치잡지》

율무를 가루 낸 다음 멥쌀과 함께 죽을 쑤어 매일 먹는다. 그러면 오래된 풍과 습비濕痺[86)]를 치료하고, 바른 기운을 보하며, 장위를 잘 통하게 하고, 수종水腫[87)]을 가시게 하며, 가슴속의 사기邪氣를 제거하고, 근맥의 구련拘攣[88)]을 치료한다.《본초강목》

— 《정조지》 권2, 〈익히거나 찌는 음식〉, 죽, 의이죽(율무죽) 쑤기[89)]


## 7. 차조죽

**청량죽**青粱粥   《명의별록名醫別錄》[90)]에 "청량미青粱米로 죽을 쑤어 먹으면 기를 더하고, 속을 보하며, 몸을 가볍게 하여 수명을 늘여준다"고 했으나, 죽 쑤는 방법은 말하지 않았다. 요즘의 방법은 청량

---

84) 녹두유: 물에 불린 녹두를 갈아 전대에 담아 짜서 그 물로 쑨 묵. 제물묵.
85) 【蕩平菜方】綠豆乳[(案)俗名青泡]·豬肉·芹苗, 縷切, 用醋醬衝之. 極涼, 春晚可食《京都雜志》
86) 습비: 뼈마디가 저리고 쑤시는 증세.
87) 수종: 몸이 붓는 증세.
88) 구련: 근육이 오그라드는 증세.
89) 【薏苡粥方】薏苡仁水浸磨細, 澄濾取粉, 曬乾收貯. 每用少許, 以白蜜水煮之, 此內局方也. 或擣作粉者, 味頗遜《饔餼雜志》
   薏苡仁爲末, 同粳米煮粥, 日日食之, 治久風濕痺, 補正氣, 利腸胃, 消水腫, 除胸中邪氣, 治筋脈拘攣《本草綱目》
90) 명의별록: 중국 남북조 시대의 도사이자 의사인 도홍경陶弘景이 편찬한 본초서.

미를 백 번 씻어 노구솥 안에 물과 함께 안치고 끓이면서 졸인다. 그러다 좁쌀이 아주 문드러지면 체로 걸러 즙을 깨끗한 그릇에 담는다. 식으면 죽이 고膏처럼 굳어서 뻑뻑해진다. 여기에 흰 꿀·생강 즙을 섞어 상에 올린다. 황량黃粱죽과 백량白粱죽도 모두 이와 같다.《옹치잡지》

— 《정조지》 권2, 〈익히거나 찌는 음식〉, 죽, 청량죽(차조죽) 쑤기[91]

# 【떡과 과자】

## 1. 녹두다식

**포과**脯菓  말린 고기를 '포脯'라고 하지만 과실을 말린 것도 '포脯'라 한다. 이는 얇게 쪼개서 볕에 말린 과일이 고기로 만든 음식에 말린 포가 있는 것과 같기 때문이다. 말리고 나서 가루를 낸 것을 '과유菓油' '과면菓麪'이라고 한다.[(안)과유와 과면은 모두 건구류乾糗類(구면지류)[92]에 보인다.] 가루 낸 것을 꿀로 반죽하여 찍어낸 것을 '과병菓餠'이라고 한다. 우리나라 사람들은 이것을 '다식茶食'이라고 한다. 다식이란 차를 마실 때 먹는 음식을 말한다. 이 몇 가지는 모두 볕에 말려서 만드는 것으로 형태는 다르지만 종류는 같다.《옹치잡지》

— 《정조지》 권3, 〈과자〉, 포과(말린 과일), 총론[93]

**녹두다식**綠豆粉茶食  녹두를 물에 담갔다가 갈고 걸러서 가루를 만든다. 오미자 즙을 적셔서 얇게 펴서 볕에 말린다. 다시 연지臙脂[94] 조금을 넣어 붉은색을 내고, 백밀(흰 꿀)·설탕가루를 섞어 떡 모양으로 찍어내면 그 색이 연홍색이므로 '홍옥병紅玉餠'이라 부를 만하다. 칡 가루·고사리 가루·연근

---

91) 【青粱粥方】《名醫別錄》云"青粱米煮粥食之,益氣補中,輕身長年",而不言煮粥之法,今法青粱米百洗,砂鍋內水淹煮熬,待極麋爛,篩取汁淨器放冷,則凝稠如膏,調白蜜·生薑汁,供之,黃白粱粥,皆倣此《饔饎雜志》
92) 건구류: 볶거나 가루 내어 만든 음식인 구면지류糗麪之類를 말한다.
93) 脯菓【總論】乾肉曰脯,而菓之乾者亦謂之脯,爲其薄析曝燥,如肉之有脯也,旣乾而屑之曰菓油·菓麪[(案)菓油·菓麪,竝見乾糗類]旣屑而蜜溲摸印,曰菓餠,東人謂之茶食,茶食者,茶菓食品之謂也,是數者,皆須曬曝而成,二形而一類也《饔饎雜志》
94) 연지: 연지는 잇꽃이나 주사朱砂로 만드는데 잇꽃 연지라야 먹을 수 있다.

가루·고구마 가루는 모두 이 방법에 따라 만들 수 있다. 《옹치잡지》

— 《정조지》 권3, 〈과자〉, 포과(말린 과일), 녹두분다식 만들기[95]


## 2. 약과

**점과**黏菓   일반적으로 밀가루에 꿀을 반죽하여 기름에 지진 것은 모두 '이餌'라 하지 '과菓'라 하지는 않는다. 한구寒具, 거여粔籹, 임두䭔頭와 같은 명칭은 바로 요즘 산자의 별칭이다. 우리나라 사람들은 '유밀과油蜜菓'라 한다. 《식경食經》과 자서字書에서 모두 이를 병餅의 일종이라 했으니[《집운集韻》에서는 "한구는 병餅의 일종이다"라 했다. 《식경食經》에 "한구는 환병環餅이다"라 했다. 《제민요술齊民要術》[96]에 "거여는 환병이다"라 했다. 《편해篇海》에 "임두는 병餅이다"라 했다] 이것이 바로 그 증거이다. 그러나 우리나라 사람들만은 이를 과菓라고 하여, 제사를 모시고 손님을 접대하는 데 반드시 이 유밀과를 과품 가운데 상석에 놓는다. 이 말이 무슨 의미인지 평소에 알지 못했다가 우연히 《옥편玉篇》[97]을 상고해보니 "정飣은 고임 음식이다"라 했다. 또 《옥해玉海》에서는 "요즘 풍속에 연회를 할 때 점과黏果를 음식 자리 앞쪽에 늘어놓은 것을 '간석정좌看席飣坐'라고 하는데, 이는 쌓아두고 먹지 않음을 말하는 것이다"라 했다. 과菓 중에서 기름지고 손에 끈적거리면서 오래 두어도 상하지 않는 것이 한구의 종류가 아니라면, 우리나라 사람들이 기름에 지진 밀가루를 과菓라고 할 줄을 언제 처음으로 알았겠는가? 그러므로 애초에 근거가 없는 호칭은 아니다. 만약 의미상 문제가 없다면 우리나라 민간에서 과菓라 하는 말을 따라도 좋을 것이다. 《옹치잡지》

— 《정조지》 권3, 〈과자〉, 점과, 총론[98]

---

95) 【綠豆粉茶食方】綠豆水泡磨澄濾爲粉,以五味子汁漬之,薄布曬乾.更入些臙脂設色,和白蜜·沙糖屑,摸印爲餠,其色嫣紅,可名紅玉餠.葛粉·蕨粉·藕粉·甘藷粉,皆可倣此法造《饔饎雜志》

96) 제민요술: 중국 북위北魏의 가사협賈思勰이 저술한 종합 농서로 요리도 다수 수록되어 있다.

97) 옥편: 중국 양梁나라의 고야왕顧野王(519~581)이 한자를 자획에 따라 분류 배열하여 만든 사전字典.

98) 黏菓【總論】凡粉麪之蜜溲煎者,皆謂之餌,不名爲菓.如寒具,粔籹,䭔頭,卽今饊子之別名.東人所謂油蜜菓者,而《食經》·字書皆以謂餠屬,[《集韻》云"寒具,餠屬"《食經》"寒具,環餠"《齊民要術》云"粔籹,環餠"《篇海》云"䭔頭餠也."],此其證也.而東人獨菓之,祀神饗賓,必置之菓品上列.尋常不知何謂,偶考《玉篇》云"飣,貯食也."《玉海》云"今俗燕會,黏果列席前曰'看席飣坐',謂飣而不食也."菓之油膩黏手,久貯不敗者,非寒具之屬,而何始知東人之謂油煎粉麪爲菓者,亦未始無稽之稱.苟無害於義,從俗可矣《饔饎雜志》

**약과**藥果 [(안)우리나라 사람들은 참기름과 꿀로 밀가루를 반죽하여 참기름에 튀긴 것을 '약과藥果'라고 한다.] 밀가루 10승升[99]에 벌꿀 1승, 참기름 0.8승을 넣고 손으로 재빨리 고르게 반죽한다. 이때는 오래 치대지도 말고 오래 다지지도 말아야 한다. 이는 반죽에 점성이 생겨 부드럽지 않을까 걱정해서이다. 반죽을 가볍고 가볍게 밀어 펴서 두께가 대략 0.05~0.06척[100]이 되면 네모난 편으로 자르되, 크기는 마음대로 한다. 따로 참기름 3승을 바닥이 평평한 쇠쟁개비에 붓고 여기에 바로 약과를 넣은 다음 섶나무를 태운 불로 튀긴다. 이때 숟가락으로 약과를 자주자주 뒤집어주어서 쟁개비 바닥에 눌어붙어 타지 않도록 한다. 튀기다가 약과가 저절로 기름 위에 뜨면 익은 것이다. 약과를 꺼내서 깨끗한 그릇에 두고 꿀 3승으로 잰다.[꿀은 먼저 달궈두어야 한다.] 꿀이 약과에 다 스며들면 약과를 평평한 소반 위에 내어둔 다음 바람에 식혀 저장한다. 반죽할 때 잣가루 0.5승·후추 가루 0.1승·계피 가루 0.03승을 넣으면 더욱 좋다. 또 볶은 참깨 0.2승을 더하기도 한다. 이는 수원부水原府에서 약과를 튀기는 법이다.《증보산림경제》

또 약과를 만들고 남은 반죽을 손으로 주물러 송편 모양을 만든 뒤 붉은 대추·곶감을 빻고 이것으로 소를 만들어 넣은 음식이 있다. 이를 '만두과饅頭果'라 부른다. 잣가루를 그 위에 뿌린다.

[(안)또 약과 반죽을 목권木圈 안에 넣고 찍어서 꽃잎 모양을 만든 다음, 이를 기름에 튀겼다가 꿀에 담그기는 위의 방법과 같이 한 것이 있다. 이를 '다식과茶食果'라 부른다. 또 다른 방법이 있다. 밀가루 10승, 백밀 3승을 물에 섞고 반죽한 다음 반죽을 밀어 펴고 먹 모양으로 자른다. 이를 끓는 기름 안에 넣어 튀긴다. 색이 노릇노릇해지면 이를 꺼내서 식도록 두었다가 저장한다. 이를 '중계中桂'라 부른다. 중계의 뜻은 미상이다.]《증보산림경제》

— 《정조지》 권3, 〈과자〉, 점과, 약과 만들기[101]

---

99) 승升: 부피의 단위인 되. 1승은 0.1두斗, 10합合. 1두는 18ℓ, 1승은 1.8ℓ, 1합은 0.18ℓ, 1작勺은 0.0018ℓ로 계산한다.
100) 척尺: 길이의 단위인 자. 1척은 10촌寸, 100분分. 1척은 30.3센티미터, 1촌은 3.03센티미터, 1분은 0.303센티미터로 계산한다.
101) 【藥果方】[(案)東人謂油蜜溲麪而油煎者, 爲"藥果"]眞麪一斗, 用蜂蜜一升, 麻油八合, 急手搜勻, 勿久打久築, 恐膠生不軟, 須輕輕捍開, 略厚五六分切作方片, 大小隨意, 另用麻油三升注平底鐵銚中, 旋下藥果, 以柴火煮之, 以匙頻頻翻轉, 令不貼銚底焦了, 煎至藥果自浮油面而熟矣, 取出置淨器, 以蜜三升漬之. [蜜須先煉過.] 待蜜盡透入, 出置平盤上, 風冷收貯. 搜劑時, 入海松子屑五合, 胡椒屑一合, 桂屑三勻則尤佳. 或又加炒芝麻二合. 此水原府煎藥法也.《增補山林經濟》

又有以藥果之餘劑, 手捻作松餠樣, 以紅棗·乾柹, 擣作餡者, 名饅頭果. 用海松子屑, 糝其上.

[(案)又有以藥果之劑, 入木圈內, 摸印作花瓣狀, 油煎蜜漬, 如上法者, 名茶食果. 又有以眞麪一斗, 白蜜三升, 和水溲之, 捍開切作墨錠形, 入滾油內煠之, 待色深黃取出放冷收貯者, 名中桂. 中桂之義, 未詳.《增補山林經濟》

## 3. 무떡

**떡** 떡은 곡물가루를 반죽하여 뭉쳐서 만든다. 고餻와 이餌와 자餈와 탁飥을 모두 '떡(餅)'이라 한다. 이 둘을 나누어 말하면, 쌀을 가루 내서 찐 것을 '이餌'라 한다. 가루를 내지 않고 밥을 하여 찧은 것을 '자餈'라 한다.[서개徐鍇는 다음과 같이 말했다. "《석명釋名》[102]에서 마른 가루를 쪄서 떡을 한 것을 '자餈'라고 하는데, 틀린 것이다. 쌀을 가루 내서 찐 것은 모두 이餌이지 자餈가 아니다. 허신許愼은 '자餈'는 쌀로 만든 떡이라 했고, 내가 보기에도 자餈는 밥을 해서 푹 익은 후에야 찧는 것이라, 가루를 만들지는 않는다. 분자粉餈는 콩으로 가루를 내서 자餈 위에 뿌린 떡이다. 이餌는 먼저 쌀을 갈아서 가루 낸 뒤에 섞어 만든다. 자餈라는 말은 불어난다(滋)는 뜻이다. 이餌라는 말은 옥이玉珥(옥 귀걸이)와 같이 굳고 깨끗하다는 뜻이다."]

기름에 지진 떡은 '유병油餅'이라 하고, 꿀로 반죽한 떡은 '당궤餭饋'라 한다.[《집운集韻》에서 "궤饋는 음이 퇴이다. 당궤는 이餌의 이름이다. 쌀을 가루 내서 꿀과 버무려 찐다"라 했다]. 밀가루를 반죽해서 자른 뒤 끓는 물에 삶은 것을 '박탁餺飥'이라 한다.[구양수歐陽修의《귀전록歸田錄》에 "탕병湯餅을 당나라 사람들은 '불탁不托'이라 불렀고, 요즘 민간에서는 '박탁餺飥'이라 부른다"라 했다. 이광예李匡乂의《자가록資暇錄》에 "불탁은 옛날에 아직 칼이 없을 때 손바닥으로 밀어서 삶다가 칼이 생기고 나서야 불탁이라 이르게 된 것이다. 요즘 민간에서 '박탁'이라고 하는 것은 틀렸다"라 했다. 양자楊子의《방언方言》을 살펴보니, 그곳에는 "떡을 탁이라 한다"라 했고,《제민요술》에는 "밀가루도 병탁餅飥을 만들 수 있다"라 했으니, 박탁이라는 이름도 오래되었다.]

쌀을 가루 내어 찌고 모양을 둥글게 하여 그 가운데에 소를 넣은 떡을 '혼돈餛飩'이라 한다.[《정자통》에 "혼돈은 쌀이나 밀을 부수어 가루를 내고 이를 반죽한 빈 속에 소를 넣되 탄환 모양과 같이 싸서 빚는다. 크기는 같지 않으니 대그릇에 쪄서 먹는다."《식물지食物志》에 "혹 혼돈餫飩이라고도 쓰는데, 혼餫은 그 둥근 모양을 본뜬 명칭이다"라 했다.] 쌀을 가루 내서, 여기에 조청을 버무린 떡을 '교이餃餌'라고 한다. 교이를 물에 데친 것을 '탕중뢰환湯中牢丸'이라 한다.[《정자통》에 "교이는 쌀이나 밀을 가루 내고 조청을 버무려 만드는데, 마른 것과 습한 것이 같지 않다. 수교이水餃餌는 단성식段成式[103]이《식품食品》에서 말한 탕중뢰환으로, '분각粉角'이라고도 한다."]

---

102) "餈,漬也.蒸燥屑,使相潤漬餅之也."《석명》권4,〈석음식釋飲食〉
103) 단성식: 당나라의 시인으로《유양잡조酉陽雜俎》를 지음.

발효시켜 풀처럼 부풀려 밀가루를 가벼이 뜨게 한 떡을 '부투餢鍮'라 한다.[《정자통》에 "부투는 기면起麪이라고 하는데, 발효시켜 가볍고 높게 부풀게 한 뒤 쪄서 떡을 만든다. 가공언賈公彦은 이식酏食을 기교병起膠餠이라고 하는데, 교膠는 곧 발효다"라 했다.] 또 '포어飽䬧'라고도 한다.[《정자통》에 "가공언은 포어는 거품이 이는 것이라 했는데, 이는 곧 위거원韋巨源《식단食單》의 바라문경고면婆羅門輕高麪이고 《제서齊書》의 기교병起膠餠이다"라 했다.]

얇은 떡으로 고기를 말아놓은 것을 '담餤'이라 한다.[음은 담談이다. 《육서고六書故》에 "요즘 얇은 떡으로 고기를 말아서 썰어 올린 것을 담이라고 한다"라 했다. 《정자통》에 "당나라에서는 진사進士에게 홍릉담紅綾餤을 하사했다"라 했다.] 밀가루를 발효하여 고기소를 넣은 것을 '만두饅頭'라 한다.[《연익이모록燕翼詒謀錄104)》에 "밀을 가루 내고 발효하여 소를 넣거나, 혹은 소가 없이 쪄서 먹는 것을 만두라 한다"라 했다. 《사물기원事物紀原》에서는 "제갈량諸葛亮이 남방을 정벌할 때 노수瀘水를 건너려고 했다. 이때 토속에 따르면 사람의 머리를 잘라서 신에게 제사를 올려야 했지만, 제갈량은 양이나 돼지로 사람을 대신하고 밀가루로 사람의 머리를 그려서 제사를 지냈다. 만두라는 이름은 여기서 시작된 것이다"라 했다.]

우리나라의 갖가지 시루떡은 이餌 종류이다. 찹쌀 인절미는 자餈 종류이다. 화고花糕는 유병과 짝한다. 밀병蜜餠은 당궤의 후예이다. 단자團餈는 혼돈餛飩의 동료이다. 탕병湯餠은 박탁의 지류이다. 원소병元宵餠은 탕중뢰환의 달라진 이름이다. 증병蒸餠과 상화병霜花餠은 부투의 다른 호칭이다. 《옹치잡지》

— 《정조지》 권2, 〈익히거나 찌는 음식〉, 떡, 총론105)

---

104) 《연익이모록》: 송나라 왕영王栐이 지은 역사서.
105) 餠䬧【總論】餠, 溲麪, 使合竝也, 餻·餌·餈·䭔, 皆謂之餠. 分言之, 則粉米蒸之曰餌, 不粉而炊米擣之曰餈. [徐鍇曰:《釋名》蒸燥屑餠之曰餈, 非也. 粉米蒸屑, 皆餌也, 非餈也. 許愼云 '餈稻餠', 謂炊米爛, 乃擣之, 不爲粉也. 粉餈以豆爲粉, 糝餈上也. 餌則先屑米爲粉, 然後混之餈之言, 滋也. 餌之言堅潔, 若玉珥也."] 油煎曰油餠, 蜜溲曰饊䭔. [《集韻》:"䭔, 音頹, 饊䭔餌名, 屑米和蜜蒸之."] 溲麪切之而湯煮曰餺飥. [歐陽公《歸田錄》:"湯餠, 唐人謂之不托, 今俗謂之餺飥." 李濟翁《資暇錄》:"不托, 舊未有刀机之時, 掌托烹之, 刀机旣有, 乃云不托, 今俗作餺飥, 非也." (案) 楊子《方言》云:"餠謂之飥,《齊民要術》云'麥麪堪作餠飥'餺飥之名亦古矣.] 粉米蒸之, 圓其形而中有餡曰餛飩. [《正字通》:"餛飩, 屑米麪爲末, 空中裹餡類彈丸形大小不一, 籠蒸喚之."《食物志》:"或作餫飩, 象其圓形"] 屑米和飴曰餃餌, 其水漉者曰湯中牢丸. [《正字通》:"餃餌, 屑米麪, 和飴爲之, 乾濕不一. 水餃餌, 卽叚成式《食品》湯中牢丸也, 或謂之粉角." ] 發酵起膠, 使麪輕浮曰餢䬧. [《正字通》:"餢䬧, 起酵也. 發酵使輕高浮起, 炊之爲餠. 賈公彦以酏食爲起膠餠, 膠卽酵也."] 亦曰飽䬧. [《正字通》:賈公彦以飽䬧爲泡起, 卽韋巨源《食單》之婆羅門輕高麪《齊書》之起膠餠也.] 薄餠卷肉曰餤. [音談《六書故》:"今以薄餠, 卷肉切而薦之曰餤."《正字通》:"唐賜進士有紅綾餤."] 麪酵肉餡曰饅頭. [《燕翼詒謀錄》:屑麪發酵, 或有餡, 或無餡, 蒸食者, 謂之饅頭《事物紀原》:"諸葛亮南征, 將渡瀘水, 土俗殺人首祭神, 亮令以羊豕代, 取麪畵人頭祭之, 饅頭名始此."] 我東之諸種甑餠, 餌之類也. 糯米引切餠餈, 餈之屬也. 花糕, 油餠之儔也. 蜜餠, 饊䭔之餘裔也. 團餈, 餛飩之朋儕也. 湯餠, 餺飥之支流也. 元宵餠, 牢丸之變名也. 蒸餠, 霜花餠, 餢䬧之殊稱也《饔饌雜志》

**내복병**萊菔餠  일반적으로 시루떡 중에 콩고물이나 팥고물을 쓰지 않고 단지 멥쌀가루를 써서 만든 떡을 '백설기'라고 한다. 그중에 팥고물을 켜켜이 뿌린 것을 '팥시루떡'이라고 한다. 팥시루떡 중에 무와 멥쌀가루를 쓴 것을 '무시루떡'이라고 한다.

무시루떡 만드는 방법 : 무 뿌리의 껍질을 벗기고 칼로 썰어서 얇은 편으로 만든다. 이를 쌀가루와 골고루 뒤섞고 물을 축여 배합한 다음 손 가는 대로 시루 속에 펼쳐 넣고 팥고물을 켜켜이 안친다. 밤[삶아 익혀서 겉껍질과 속껍질을 제거하고 썬 것]과 말린 대추[씨를 제거하고 썬 것]를 켜켜이 안친 팥고물에 박아 넣고 찐다. 버무려서 배합할 때 찹쌀가루를 조금 넣어 약간 찰기를 띠게 해도 된다. 그러지 않으면 너무 말라서 푸석푸석해질 우려가 있다. 임홍의 《산가청공》에 "의사이자 승선承宣 벼슬에 있는 왕계선王繼先이 무를 찧어 즙을 낸 뒤 여기에 면麪을 반죽하여 떡을 만들어 면의 독을 제거할 수 있다"라 했다. 이곳에서의 면은 대개 밀가루(小麥麪)만을 지칭한다. 그런데 무시루떡은 밀가루를 사용하지 않고 순전히 멥쌀가루를 사용하므로 애초에 독성을 제어할 필요가 없다. 다만 무가 들어가면 매우 부드러워 입에 맞는 성질을 취했을 뿐이다. 붉게 익었지만 아직 홍시가 되지 않은 감으로도 이 방법을 따라서 감떡을 만들 수 있다.《옹치잡지》

— 《정조지》 권2, 〈익히거나 찌는 음식〉, 떡, 무떡(내복병) 만들기[106]

## 4. 생강계피떡

**노랄병**老辣餠  생강을 깎아 껍질을 벗기고 곱게 갈아서 즙을 얻은 다음 흰 꿀·계피 가루와 섞고 찹쌀가루와 반죽하여 팥가루로 만든 소를 싸서 떡을 만든다. 팥고물꿀떡(餡蜜餠, 함밀병) 만드는 방법[107]과 똑같은데, 소에 생강 가루·설탕을 더하면 더욱 좋다. 일반적으로 찹쌀떡은 차지고 엉기어

---

106)【萊菔餠方】凡甑餠之不用豆屑, 但用粳米粉炊成者曰白雪餠. 其用小豆屑, 層層隔糝者曰小豆甑餠. 小豆甑餠之用萊菔根和粉者曰萊菔甑餠.
其法:萊菔根削去皮, 刀切作薄片, 同米粉拌勻, 水溲爲劑, 隨手鋪下甑內, 將小豆屑層層隔住, 以栗子[烹熟去殼皮切], 乾棗[去核切], 點嵌於隔層豆屑上而蒸之. 溲劑時, 少入糯米粉, 令略有黏氣爲可. 不然則恐失之太燥鬆也. 林洪《山家淸供》云:"王醫師承宣擣萊菔汁, 溲麪作餠, 謂能去麪毒." 蓋指小麥麪耳. 是餠不用麥麪, 純用粳米粉, 固無俟乎制毒. 特取其酥腰可口耳. 紅熟未爛之柹, 亦可倣此法造.《饔饎雜志》
107) 함밀병 만드는 방법 : 아래 팥고물꿀떡(함밀병)을 보라.

282

소화가 어려우나, 이 떡은 유독 그렇지 않다. 게다가 속을 편하게 하고 비장을 돕는 효능이 있다. 안돈복晏敦復[108]의 "생강과 계피 같은 나의 성질은 늙을수록 더욱 맵다"는 말에서 따다가 이름을 지었다.《옹치잡지》

— 《정조지》 권2, 〈익히거나 찌는 음식〉, 떡, 생강계피떡(노랄병) 만들기[109]


**함밀병**餡蜜餠 《초사》에 "거여粔籹(중베끼)와 밀이가 있고"[110]라 했는데, 밀이蜜餌는 꿀로 밀가루를 반죽하여 떡을 만든 것이다. 밀병蜜餠의 제법은 오래된 것이다. 우리나라의 밀병에는 몇 가지 종류가 있는데, 멥쌀로 만든 것이 있고 찹쌀로 만든 것이 있다. 찹쌀떡에 팥가루로 소를 넣은 것이 가장 좋다.

만드는 법: 찹쌀을 가루 내어 고운 체로 쳐서 꿀로 반죽한다. 팥을 껍질을 벗기고 삶아서 체로 쳐서 가루 낸다. 계피 가루·후추 가루를 넣고 볶아서 익힌다. 먼저 팥가루를 시루 밑에 뿌리고, 다음에는 찹쌀가루를 체로 쳐 내려 두께가 손가락 하나가량 되면 멈춘다. 국자로 팥가루를 떠서 찹쌀가루 위에 붓고 손으로 모으고 눌러, 가운데는 높고 주변은 낮게 한다. 덩이마다 떨어진 거리가 몇 촌이 되도록 하면 큰 시루에는 10여 개의 덩이를 만들 수 있다. 다시 찹쌀가루를 그 위에 체로 쳐 내리되, 이와 같이 두께가 손가락 하나 정도 되게 한다. 그 위에 팥가루와 다진 대추, 다진 밤을 뿌린다. 찌고 뜸 들여서 익히고 나면 꺼내서 각각의 소가 서로 떨어진 경계를 칼로 고르게 나누어 가른다. 그러면 10여 개의 네모난 조각이 각각 소를 감싸고 있는 떡이 되어서 맛이 극히 달고 부드러워 좋아할 만하다.《옹치잡지》

— 《정조지》 권2, 〈익히거나 찌는 음식〉, 떡, 함밀병(팥고물꿀떡) 만들기[111]

---

108) 안돈복: 남송 사람. 어려서 정이程頤에게 배웠고 만년에는 금金과의 화의론에 반대하여 진회秦檜에게 굴복하지 않았다.
109)【老辣餠方】生薑刮去皮, 磨細取汁, 和蜜桂屑, 搜糯米粉爲劑. 包小豆粉餡爲餠, 一如餡蜜餠法. 餡加薑粉·沙糖尤佳. 凡糯餠粘滯難化, 而此餠獨不然. 且有和中益脾之功. 取晏敦復"薑桂之性, 到老愈辣"之語, 名之.《饔饎雜志》
110) 粔籹蜜餌, 有餦餭些.《초사》〈초혼招魂〉
111)【餡蜜餠方】《楚辭》니: "粔籹蜜餌", 蜜餌, 蜜搜麪爲餌也. 蜜餠之制古矣. 我東蜜餠有數種, 有以粳米作者, 有以糯米作者. 糯餠之用小豆粉爲餡者, 最爲佳品.
其法: 糯米擣粉細羅過, 蜜搜爲劑. 小豆去皮, 煮篩爲粉. 入桂椒屑, 炒熟. 先將豆粉糝甑底, 次將糯粉篩下厚至一指許卽止. 用杓酌取豆粉, 傾在糯粉之上, 以手捻按, 令中央高四邊低. 每一堆相距數寸, 則大甑可作十餘堆也. 更將糯粉篩下于其上, 亦厚一指許. 上糝豆屑及切棗切栗. 蒸餾旣熟, 取出, 以刀平分各餡相距之交界而割之, 則十餘方片, 各自包餡而爲餠, 味極甘軟, 可喜.《饔饎雜志》

## 5. 꿀배

**밀전과**蜜煎菓  일반적으로 '과菓'라고 부르는 음식은 좋은 열매를 벌꿀로 달여서 졸이면 신맛을 정제할 수 있고 오래 보관할 수 있다. 중국 사람들은 '밀전과蜜煎菓'라 하고 우리나라 사람들은 '정과正果'라 한다. 그중에 즙과 함께 담아 상에 올리는 음식을 '수정과水正果'라 하는데, 이는 대개 전煎과 정正이 음이 비슷하여 와전된 것이다.《옹치잡지》

— 《정조지》 권3, 〈과자〉, 밀전과(꿀과자), 총론[112]

**밀전리**蜜煎梨  큰 아리鵞梨(배)는 껍질을 긁어내고 가로로 잘라 4~5개의 편으로 만든다. 1편마다 후추 3~5알을 박아 넣고, 꿀과 물을 절반씩 섞어 중간불로 달인다. 이때 배는 호박琥珀과 같은 색이 되고, 즙은 장수漿水와 같은 색이 될 때까지 달인다. 즙과 함께 상에 올린다. 작은 배 중에 신 것은 썰지 않고 통으로 넣어 달이는데, 달이기는 상도霜桃 달이는 법[113]과 대략 같다. 다만 껍질을 벗길 뿐이다.《옹치잡지》

일반적으로 초리醋梨(신 배)는 물을 갈아가며 푹 삶으면 사람을 상하게 하지 않는다.《본초강목》

— 《정조지》 권3, 〈과자〉, 밀전과(꿀과자), 밀전리(꿀배)[114]

**밀전도**蜜煎桃  복숭아 중에 서리를 맞아야 비로소 익는 종을 상도霜桃(서리 맞은 복숭아)라 하는데, 열매가 작고 맛은 달다. 이 복숭아 중에 빨갛게 익은 것을 가져다가 베수건으로 솜털을 닦아내고 씨는 제거하지 않는다. 복숭아 1개마다 후추 3~5알을 과육에 박아 넣은 다음 쟁개비나 삼발이 솥 안에 넣고, 꿀 반 물 반인 상태로 중간불로 달인다. 꿀물이 진하고 붉어질 때까지 달인 다음 즙과

---

112) 蜜煎菓【總論】凡名菓, 美蔵用蜂蜜煎而熬之, 則可以製酸, 可以留久. 華人謂之蜜煎菓, 東人謂之正果. 其幷汁供之者曰水正果, 蓋煎與正音近而訛也.《饔饎雜志》
113) 상도 달이는 법: 아래 밀전도를 보라.
114)【蜜煎梨方】鵞梨大者削去皮, 橫切作四五片, 每一片, 嵌胡椒三五粒, 半蜜半水, 文武火煎之, 以梨如琥珀色, 汁如漿水色爲度, 幷汁供之. 小梨之酸者, 不切之, 全顆入煎, 略如霜桃煎法, 但去皮耳《饔饎雜志》
凡醋梨, 易水煮熟, 則不損人《本草綱目》

함께 거두어둔다.《옹치잡지》

— 《정조지》 권3, 〈과자〉, 밀전과(꿀과자), 밀전도(복숭아꿀조림) 만들기[115]


## 6. 꿀수박

**밀전서과**蜜煎西瓜  본초서에서는 "수박 껍질은 꿀로 달이거나 설탕으로 달일 수 있다"라 했지만, 그 방법에 대해서는 상세하게 말하지 않았다. 아마 전동아법煎冬瓜法[116]과 같을 것이다. 지금 한 가지 방법을 다음과 같이 창안해 본다. 둥글고 크며 속이 붉은 수박을 가져다가 꼭지 둘레의 사방 0.1척 정도를 칼을 세워 도려내되, 껍질과 속이 붙은 상태로 상하지 않게 파낸다. 백밀 1잔에 계피 가루와 산초 가루를 섞은 다음 수박에 붓는다. 꿀이 스며들면 다시 붓고 1잔을 다 부어 넣은 뒤에 파내어둔 껍질과 속이 붙은 뚜껑을 도로 덮는다. 대꼬챙이로 습지를 고정시켜 잘라낸 부위를 감싸주고, 솥이나 삼발이 솥 안에 손가락 3~5개 두께만큼 물을 붓고 수박을 그 안에 안친다. 꼭지가 위로 향하게 하여 물에 잠기지 않게 하고, 24시간 정도 삶아 꺼낸다. 이를 새끼줄을 가지고 십자로 묶어 우물물 속에 2~4시간 정도 넣었다 꺼내어 가르면 서리꽃이 가득 맺혀 있다. 제호醍醐나 감로甘露로는 이 밀전서과가 입을 상쾌하게 하는 느낌을 비유하기에 부족할 정도로 좋다.《옹치잡지》

수박을 먹을 때는 씨를 먹더라도 뱉지 않는다.《물류상감지物類相感志》

수박씨를 감씨·옻 찌꺼기와 섞은 다음 볕에 말리면 씨껍질이 저절로 벌어지는데, 속 씨만 가려서 취한다.《물류상감지》

— 《정조지》 권3, 〈과자〉, 밀전과(꿀과자), 밀전서과(수박꿀조림) 만들기[117]

---

115) 【蜜煎桃方】桃有一種兒霜始熟者,名曰霜桃,實小而甘.取紅熟者,布巾拭去毛,勿去核.每一介,嵌胡椒三五粒,入銚鐺內,半蜜半水,文武火煎之,以蜜水濃赤爲度,幷汁收之《饔餼雜志》

116) 동아 졸이는 방법: 아래의 꿀동아(밀전동아)를 보라.

117) 【蜜煎西瓜方】本草云:"西果皮可蜜煎糖煎",而不詳其法.意與煎冬瓜法同也.
今創一法:取圓大瓤紅者,環蔕四方一寸許,竪刀剜之,並皮瓤勿破損,挖出,用白蜜一盞,調桂椒屑灌之,蜜縮復灌,盡一盞灌入,然後取挖出皮瓤,渥蓋之,以籤籤定濕紙,裹掩朣痕,鼎鐺內,注水三五指深,安西瓜于其中令蔕向上,不淹于水,煮一伏時取出,以繩十字絡之,沈井水中一兩時,取出剖之,則霜花滿凝.醍醐·甘露,未足諭其爽口《饔餼雜志》
喫西瓜,喫子不噯《物類相感志》
西瓜子用柿子·漆柤拌了曬乾自開,只揀取仁《同上》

**밀전동아**蜜煎冬瓜 10월에 서리 맞은 늙은 동아를 가져다가 푸른 껍질을 제거한다. 푸른 껍질 가까운 부분의 과육을 편으로 썬 다음 끓는 물에 데쳐서 식도록 둔다. 이를 석회 끓인 물에 담가 4일을 묵히고, 또 깨끗한 물에 3~4일 담가서 석회 기운을 없앤다. 꿀 0.5잔을 사기 쟁개비에 넣고 달구어 익힌 다음 여기에 동아 조각을 넣고 4~5번 끓어오르도록 달인 뒤 꿀물을 제거한다. 따로 꿀 1큰잔을 넣고 같이 졸이다가 동아의 빛이 약간 누렇게 되면 자기 안에 저장해 둔다. 매우 차게 된 뒤에 뚜껑을 덮는 것이 좋다. 저장한 동아에 하얀 곰팡이가 생기면 다시 석회 0.2냥을 넣고 끓인 물에 동아를 넣어 맑게 가라앉힌 뒤 앙금을 제거하고 쓴다.《거가필용》

— 《정조지》 권3,〈과자〉, 밀전과(꿀과자), 밀전동아(동아꿀조림) 만들기[118]

# 【음료】

## 1. 오미자갈수

**갈수**渴水 갈수渴水는 '목이 마를 때 필요한 물'을 말한다. 향약香藥[119]과 과일과 설탕을 담아 빚어서 만든 물로, 이것도 탕湯이나 장漿과 같은 종류이다. 지금은 만드는 사람이 드물어서, 혹 만드는 자가 있어도 '탕'이나 '장'으로만 부를 뿐 '갈수'라고 부르지는 않는다.《옹치잡지》

— 《정조지》 권3,〈음료〉, 갈수(청량음료), 총론[120]

**오미자갈수**五味渴水 북오미자北五味子 과육 1냥을 기준으로 끓인 물에 하룻밤을 담가서 즙을 취한다. 여기에 진한 콩 즙을 넣으면서 함께 달이되, 어우러지는 빛깔이 적당하게 한다. 달구어 익힌 꿀도

---

118) 【蜜煎冬瓜方】十月取經霜老冬瓜, 去青皮, 近青邊肉切作片子, 沸湯焯過, 放冷, 以石灰湯浸四宿, 又浸淨水三四日, 去灰氣. 用蜜半盞於砂銚內, 煉熟, 下冬瓜片子, 煎四五沸, 去蜜水. 別入蜜一大盞同熬, 候冬瓜色微黃爲度, 磁器內收貯候極冷方可蓋覆. 如生白醭, 重用石灰二錢沸湯澄清, 去脚用.《居家必用》
119) 향약: 향료.
120) 渴水【總論】渴水, 謂渴時須水也. 用香藥·菓·糖, 淹釀而成, 亦湯漿之朋類也. 今人鮮作之, 即或有作之者, 直稱湯漿, 而不名渴水也.《饔饎雜志》

함께 맞춰가며 넣어 시고 단맛이 적당하게 한다. 뭉근한 불로 2시간 정도를 함께 달여 차게 혹은 뜨겁게 임의대로 쓴다.《거가필용》

— 《정조지》 권3, 〈음료〉, 갈수(청량음료), 오미갈수(오미자갈수) 만들기[121]

## 2. 배추장

**장수** 장漿은, 《석명》에서 "돕는다는 것(將)'이다. 차거나 따뜻한 것을 적당히 마시면 몸과 서로 돕고 따르는 것이다"라 했다. 《주례》〈주정酒正〉에서는 사음지물四飲之物(4가지 음료)[122]을 구분하여 셋째를 '장漿'이라 했다. 후세에는 향약香藥과 과라菓蓏[123]로 담가 빚어서 마시는 것은 모두 '장漿'이라 불렀다.《옹치잡지》

— 《정조지》 권3, 〈음료〉, 장, 총론[124]

**제수**薺水  배추를 깨끗이 씻어 끓는 물에 살짝 데친다. 이를 매우 맑은 면탕麪湯(밀가루 풀) 안에 넣고 작은 항아리에 담는다. 이때 배추와 면탕의 양이 서로 걸맞은지 보되, 배추가 꼭 많을 필요는 없다. 5~7일이 지나 시어지면 먹어도 된다. 만약 남은 배추장이 작은 사발로 하나만 있으면 단지 하루면 바로 만들어 쓸 수 있다. 겨울에는 불에 약간 가까이 하면 더욱 쉽게 익는다. 여러 채소로 모두 만들 수 있다.《거가필용》

— 《정조지》 권3, 〈음료〉, 장, 제수(배추장)[125]

---

121) 【五味渴水方】北五味子肉一兩爲率,滾湯浸一宿取汁,同煎下濃豆汁,對當的顔色恰好,同煉熟蜜對入,酸甛得中,慢火同熬一時許,涼熱任用《居家必用》
122) 네 가지 마시는 것(四飮之物):"辨四飮之物: 一曰淸,二曰醫,三曰漿,四曰酏."《주례周禮》〈천관天官〉〈주정酒正〉
123) 과라: 나무 열매와 풀 열매.
124) 漿【總論】漿《釋名》:"將也,飮之寒溫多少,與體相將順也.《周禮·酒正》,辨四飮之物,三曰漿,後世用香藥·菓蓏,浸釀而飮者,皆謂之漿《饔饎雜志》
125)【薺水方】菘菜淨洗,略湯中焯過,入極淸麪湯內,以小缸盛,看菜與麪湯多少相稱,菜不必多,候五七日酸,可喫,如有薺脚一小椀,只一日便用.冬日略近火,尤易熟,諸菜皆可《居家必用》

## 3. 계피장

**계장**桂漿  여름에 마시면 번갈煩渴을 풀어주고, 기운을 보태고, 담을 삭인다. 계피 가루 넉넉하게 1냥, 백밀白蜜 1승을 준비한다. 먼저 물 20승을 달여 10승을 취한 다음 달인 물이 식으면 새 오지 병 속에 넣는다. 그런 다음 계피 가루와 백밀을 넣고 200~300번을 휘젓는다. 먼저 기름종이로 위를 한 겹 덮고 7겹을 더하여 봉한다. 매일 종이 1겹씩 벗기다가 7일이 되어 개봉하면 향기가 나고 맛이 좋아서 품격과 운치가 매우 높다. 《도경본초圖經本草》[126]

— 《정조지》 권3, 〈음료〉, 장, 계장(계피장) 만들기[127]

## 4. 생강귤차

**차**茶  차는 '명茗(차 싹)'이라는 이름으로 《신농본초神農本草》와 《안자춘추晏子春秋》에 이미 보인다. 그러나 그때는 좋아하는 사람이 아직 적어서, 나중에 당나라 때 흥하고 송나라 때에 성한 데 이르러서야 비로소 세인들에게 중시되었다. 기모민綦母旻[128] 사경휴謝景休[129], 소식蘇軾[130]으로부터 이들이 서로 잇달아 글을 써서 차가 사람을 해친다고 비방하였다. 그러나 세인들은 왕왕 이를 의심하는 이와 믿는 이가 서로 반이 되었다. 따로 구기자나 국화 등 사람에게 유익한 것을 달여 마시는 음료에 차라는 이름을 덮어씌운다. 하지만 그 실상은 차가 아니라 바로 탕湯이나 장漿 종류다. 《고사십이집》

— 《정조지》 권3, 〈음료〉, 차, 총론[131]

---

126) 도경본초: 중국 송나라 때 의학자 소송蘇頌이 지어 1061년에 간행된 본초서.
127)【桂漿方】夏月飮之,解煩渴,益氣消痰.桂末一大兩,白蜜一升,以水二斗,先煎取一斗,待冷,入新瓷瓶中,乃下二物,打二三百轉.先以油紙一重覆上,加七重封之.每日去紙一重,七日開之,氣香味美,格韻絶高《圖經本草》
128) 기모민: 당나라 우보궐右補闕을 지냈으며 차의 해악을 비판한 《벌다음서伐茶飮序》를 지었다. "釋滯消壅一日之利暫佳,瘠氣侵精終身之害斯大,獲益則功歸茶力,貽患則不謂茶災,豈非福近易知禍遠難見."(欽定四庫全書 御定淵鑑類函卷三百九十 食物部三 茶二)
129) 사경휴: 미상.
130) 소식: 송나라 때의 문장가. 자첨子瞻은 그의 자字이다. "除煩去膩世固不可以無茶,然暗中損人,殆謂不少."(欽定四庫全書 御定佩文齋廣羣芳譜卷二十一 茶譜 茶四)
131) 茶【總論】茶,茗之名,已見於《神農本草》·《晏子春秋》,然好者尚寡,至後興於唐,盛於宋,而遂爲世重矣.自綦母旻·謝景休·蘇子瞻,相繼著說,謗茶之害人,而世往往疑信相半.別以杞菊等益人之物煎飮,而冒以茶名,其實非茶也,乃湯漿之類也《攷事十二集》

**강귤차**薑橘茶  귤홍橘紅[132] 0.3냥, 생강 5편, 작설차 0.1냥을 함께 달여 찌꺼기를 걸러낸 뒤 꿀을 타서 마신다. 식적食積[133]이나 담체痰滯[134]를 잘 열어주지만 오래도록 먹어서는 안 된다.《증보산림경제》

　　귤병橘餠[135] 잘게 자른 것 0.2냥, 민강閩薑[136] 잘게 자른 것 0.2냥, 생강 잘게 자른 것 0.1냥을 함께 달여 찌꺼기를 걸러낸 뒤 마신다. 담을 삭이고 흉격을 시원하게 한다.《옹치잡지》

— 《정조지》 권3, 〈음료〉, 차, 강귤차(생강귤차) 만들기[137]


## 5. 밀양시병

**밀양시병**蜜釀枾餠  생강은 껍질을 벗기고 잘라서 얇은 편을 만든 다음 후추를 거칠게 부수어 함께 노구솥에 넣는다. 단 샘물을 써서 2~3번 끓도록 달여 사기 항아리 안에 담아둔다. 여기에 흰 가루(柹霜, 시상)가 많이 생긴 좋은 곶감을 넣고 아가리를 봉하여 하룻밤을 묵히면 먹을 수 있다. 먹을 때마다 백밀白蜜을 타고 잣을 띄워 상에 올린다.《옹치잡지》

— 《정조지》 권7, 〈절식〉, 원조절식, 밀양시병(수정과) 만들기[138]

---

132) 귤홍: 귤껍질의 흰 부분을 제거한 것.
133) 식적: 과식이나 소화불량 등으로 음식물이 위에 정체되는 병.
134) 담체: 담이 몰려 한 곳에 뭉쳐서 생긴 병.
135) 귤병: 귤을 담가서 떡처럼 만든 것.
136) 민강: 복건성에서 생산되는 생강.
137)【薑橘茶方】橘紅三錢,生薑五片,雀舌一錢,同煎濾滓,和蜜飮之.善開食積痰滯,亦不可長服《增補山林經濟》
　　橘餠剉細二錢,閩薑剉細二錢,生薑剉細一錢,同煎濾滓,飮之.化痰淸膈《饔饎雜志》
138)【蜜釀枾餠方】生薑去皮,切作薄片,胡椒麤碎,同入鍋.用甘泉水,煎數三沸,磁缸內盛貯.以霜多好枾餠投之,封口一宿,可食.每食,調白蜜,浮海松子仁,供之.《饔饎雜志》

# 【술】

## 술의 기원

세상 사람들이 술의 기원에 대해서 말하는 설에는 다음과 같은 다섯 가지가 있다.

하나: "의적儀狄[139]이 처음으로 술을 만들었다는 설로, 우禹임금과 동시대의 일이다." 하나: "요堯임금은 1,000잔의 술을 마셨다 했으니, 술은 요임금 시대에 만들어졌다." 하나: "《신농본초神農本草》에서 술의 성질과 맛을 저술했고 《황제내경黃帝內經》[140]에서도 술은 사람이 병에 걸리게 한다고 했으니, 의적에게서 시작된 것이 아니다." 하나: "하늘에는 주성酒星이 있으니, 술의 제조는 천지의 역사와 함께한다." 하나: "두강杜康이 술을 만들었다."

이 다섯 가지 설은 모두 근거가 충분하지 않다.

의적이라는 이름은 경전에서는 보이지 않고 《세본世本》[141]에만 나온다. 그러나 《세본》은 믿을 만한 책이 아니다. "요임금이 1,000잔의 술을 마셨다 하지만, 그 말은 본래 《공총자》에서 나와 대개 항간에 떠도는 말이다. 《신농본초》는 비록 신농神農 때부터 전해졌다고 하지만 지금으로부터 가까운 시대의 내용들도 이 책에 붙어 있는 정황으로 보면, 반드시 모두가 신농의 글은 아니다. 《황제내경》이 비록 삼분三墳[142]의 글이라고 하지만, 그 문장을 살펴보면 이 책이 마지막으로 완성된 시기는 '전국 시대에서 진한에 이르는 즈음'임을 알 수 있다. 별 이름 중에 예를 들어 환자宦者, 분묘墳墓, 호시弧矢, 하고河鼓[143]와 같은 별은 모두 먼 옛날에는 이름이 없었지만, 이 별은 그에 앞서서도 있었으니, 주성도 미루어 짐작할 수 있다.

두강에 대해서는 위나라 무제(武帝)의 악부樂府〈단가행短歌行〉[144]에 나오지만, 두씨杜氏는 본래 유

---

139) 의적: 처음으로 술을 만들었다고 전해지는 하夏나라 사람.
140) 황제내경: 황제와 기백의 문답으로 풀어낸 중국 최고의 의학서. 소문素問과 영추靈樞의 2부로 구성되어 있다.
141) 세본: 《한서예문지·육예략》에 《세본》 15편이 실려 있다. 황제에서 춘추 시대까지 여러 나라 제후, 대부의 씨성과 세계, 도읍, 제작 등을 수록한 책.
142) 삼분: 전설 속의 중국 최고의 서적. 복희, 신농, 황제의 책이라고도 하지만 《한서예문지》《유흠칠략》《수서경적지》등에 수록되지 않음.
143) 환자~하고: 환자는 황제의 곁에 있는 신하, 분묘는 묘지, 호시는 활과 화살로 쉽게 알 수 있으나, 하고는 북 중에서 어떤 것인지 확실하지 않다.
144) 단가행: '對酒當歌,人生幾何,譬如朝露,去日苦多,慨當以慷,憂思難忘,何以解憂,唯有杜康.'

씨劉氏에서 나와 상商나라에 여러 대를 걸쳐 있다가 시위씨豕韋氏가 되었다. 주나라 무왕이 두씨를 분봉分封하여 두백杜伯에게 나라를 전했는데, 선왕宣王에게 죽임을 당했다. 수백의 자손들은 진晉나라로 도망가서 마침내 두杜를 씨氏로 삼았다. 더러는 두강이 술을 잘 빚는 점으로 이름이 났다고 하여 두강에게서 술이 시작되었다 하는데, 이는 잘못된 주장이다. 대체로 지혜로운 사람이 만들면 후세에 그것을 따라하기 때문에 없앨 수 없다. 술 또한 그것이 누구에게서 시작되었는지를 어찌 알겠는가? 옛날에는 먹고 마실 때 반드시 술을 최초로 만든 조상(先酒)에게 고수레를 했다. 그러나 또한 고수레를 하는 일이 정확히 누구를 위한 의례인지는 말한 적이 없으니, 여기에서 알 수 있다. 《주보酒譜》[145]

— 《정조지》 권7, 〈술〉, 주례총서, 술의 기원[146]


## 총론

《춘추위운두추春秋緯運斗樞》[147]에서 "술(酒)이라는 말은 젖(乳)이다. 몸을 부드럽게 하고 노인을 돕기 위한 것이다"라 했다. 허신許愼이 《설문해자》에서 "술은 이루는(就) 것이다. 인성의 선악을 이루기 위한 것이다. 일설에는 '만드는(造) 것이다. 길흉이 이로 인하여 만들어지는 것이다'라 했다.《석명》에서 "술(酒)은 유酉(숙성)이다. 쌀과 누룩으로 빚으면 발효되어(酉繹) 술이 완성되니, 그 맛이 좋다. 또 삼간다고 했으니, 술을 잘하고 못하고 간에 모두 서로 조심하려고 애쓰는 것이다"라 했다. 《주보》

주나라 관직인 주인酒人은 술의 정령政令을 관장하고 다음과 같이 오제五齊[148]와 삼주三酒[149]의 이름을 분변했다. 오제: ① 범제泛齊(탁주), ② 예제醴齊(단술), ③ 앙제盎齊(푸른 술), ④ 제제醍齊(거른

---

145) 주보: 두평竇苹이 술에 관하여 지은 책. 두평은 송나라 문상汶上 사람으로 자는 자야子野.
146) 【緣起】世言酒之所自者有五. 一曰: 儀狄始作酒, 與禹同時. 一曰: 堯酒千鍾, 則酒作於堯. 一曰: 《神農本草》著酒之性味, 《黃帝內經》, 亦言酒之致病, 則非始於儀狄矣. 一曰: 天有酒星, 酒之作, 與天地竝. 一曰: 杜康作酒. 是五者, 皆不足以考據也, 儀狄之名, 不見於經, 而獨出於《世本》.《世本》非信書也. 堯酒千鍾, 其言本出《孔叢子》, 蓋委巷之說也.《本草》雖傳自炎帝, 亦有近世之物附見者, 未必皆炎帝之書也.《內經》雖三墳之書, 然考其文章, 知辛成是書者, 六國秦漢之際也. 星名, 如宦者·墳墓·弧矢·河鼓, 皆太古所無, 而先有是星, 則酒星亦可類推矣. 至於杜康, 見於魏武樂府, 而杜氏本出於, 累在商, 爲豕韋氏, 武王封之於杜, 傳國至杜伯, 爲宣王所誅. 子孫奔晉, 遂有以杜爲氏者, 或者康, 以善釀名乎, 謂酒始於康, 則非也. 大抵智者作之, 後世循之而莫能廢, 亦安知其始於誰乎? 古者食飮必祭先酒, 亦未嘗言所祭者爲誰, 玆可見矣.《竇氏酒譜》
147) 춘추위운두추: 한대漢代에 성립된 위서緯書.

술), ⑤ 침제沈齊(맑게 가라앉힌 술). 삼주: ① 사주事酒(일이 있을 때 마시는 술), ② 석주昔酒(일이 없을 때 마시는 술), ③ 청주淸酒(제사에 쓰는 술).

이 분류는 대개 당시의 후하고 박한 차이이지만 경문經文에는 그에 대한 설명이 없고 전주傳注(주석)에서는 모두 헤아려 해석했다. 하지만 그 해석들이 반드시 진짜라고 할 수는 없다.《주보》

술 중에 맑은 것을 양釀이라 하고[(안)양은 이酏의 잘못인 듯하다.《옥편》에 "이酏는 청주이다"라 했다], 탁한 것을 앙醠이라 하고[(안)앙醠은 어떤 곳에서는 앙醃이라고도 쓴다. (우안) 자서字書(자전)에는 "술 중에 탁한 것을 료醪, 로醹라 하며, 탁하면서 약간 맑은 것을 잔醆이라고 한다"라 했다], 진한 것을 순醇이라 하고[(안)《설문해자》에서 "유醹와 농釀은 모두 진한 술의 이름이다"라 했다], 묽은 것을 리醨라 하며, 거듭 빚은 것을 주酎라 하고[(안)자서에서는 "거듭 빚은 것을 이酏라 한다"라 하고, 또 "다시 빚은 것을 두酘라 한다"라 하고, 또 "3번 거듭 빚은 진한 술을 주酎라 한다"라 했다], 하룻밤 묵은 것을 예醴라 하며[(안)예醴는 단술이다. 옛날 사람들은 술을 빚을 때는 누룩으로 빚고 '예'를 빚을 때는 엿기름으로 빚었다. 만드는 방법이 달라지고 나니 맛도 같지 않았다. 이는《주례》의 오제와 삼주가 나뉜 것을 보면 알 수 있는 것이다.《설문해자》에서는 "예는 술이 하룻밤 묵으면 익는 것이다"라 했다. 대개 예라고 하는 것은 하룻밤이면 익는다는 뜻일 뿐이지, 예를 하룻밤이면 익는 술의 이름으로 삼은 것은 아니다] 맛이 좋은 것을 서醑라 하고, 거르지 않은 것을 배醅라 하며, 붉은 것을 제醍라 하고, 초록빛이 나는 것을 령醽이라 하며, 흰 것을 차醝라고 한다.《음선표제》

— 《정조지》 권7, 〈술〉, 주례총서, 총론[150]

---

148) 오제: 주례에서 술을 탁한 것에서 맑은 것까지 다섯 가지로 분류한 것. 술의 범칭. 酒正.鄭司者,成而滓浮泛泛然,如今宜成醪矣.醴猶體也,成而汁滓相將,如今恬酒矣.盎猶翁也,成而翁翁然,蔥白色,如今鄭白矣.緹者,成而紅赤,如今下酒矣.沈者,成而滓沈,如今造清矣.自醴以上尤濁,縮酌者.盎以下差清.其象類則然,古之法式未可盡聞.杜子春讀齊皆爲粢.又禮器曰:緹酒之用,玄酒之尙.玄謂齊者,每有祭祀,以度量節作之.《주례주소》권제5

149) 삼주: 주례에서 다른 경우에 사용한 세 가지 술. 酒正.鄭司者云:事酒,有事而飲也.昔酒,無事而飲也.清酒,祭祀之酒.玄謂事酒,酌有事者之酒,其酒則今之醳酒也.昔酒,今之酋久白酒,所謂舊醳者也.清酒,今中山冬釀,接夏而成.《주례주소》권제5

150) 酒【總論】《春秋緯運斗樞》曰:'酒之言乳也.所以柔身扶老也.'
許愼《說文》云:'酒,就也,所以就人性之善惡也.一曰造也.吉凶所造起.'
《釋名》曰:'酒,酉也.釀之米麴,酉繹而成.其味美也.亦言踧踖也.能否言强相踧持也.'《竇氏酒譜》
周官酒人,掌酒之政令,辨五齊三酒之名.一曰泛齊,二曰醴齊,三曰盎齊,四曰醍齊,五曰沈齊.一曰事酒,二曰昔酒,三曰清酒.此蓋當時厚薄之差,而經無其說,傳注悉度而解之,未必得其眞也《同上》
酒之清者曰釀,[(案)釀,疑酏之誤《玉篇》酏,清酒也.]濁者曰醠,[(案)醠,一作醃.(又案)字書:酒之濁者,曰醪曰醹,濁而微清曰醆.]厚曰醇,[(案)《說文》:醹醲,皆厚酒之名.]薄曰醨,重釀曰酎,[(案)字書:重釀曰酏,又云:再釀曰酘,又云:三重醇酒曰酎.]一宿曰醴.[(案)醴,甘酒也.古人釀酒以麴,釀醴以櫱,釀法旣異,味亦不同.觀《周禮》五齊三酒之分,可知矣.《說文》云:醴,酒一宿熟者.蓋謂醴,可一宿而熟耳.非以醴爲一宿酒之名也.]美曰醑,未榨曰醅,紅曰醍,綠曰醽,白曰醝.《飲饍標題》

## 재료 손질하기

**쌀: 치주재법**治酒材法　[(안)술 재료는 바로 수수나 벼 등의 술을 빚는 쌀이 이것이다.] 일반적으로 술 빚는 쌀은 깨끗이 씻는 것이 중요하므로 옛날 방식에서는 모두 100번 씻기(百洗)를 기준으로 했다. 만일 깨끗이 씻지 않으면 술맛이 나쁘고 빛깔이 탁하다.

술밥을 지을 때는 반드시 쌀을 물에 하룻밤을 담근(浸宿) 다음에야 잘 익는다. 또 반드시 식도록 두었다가(放冷) 독에 넣어야 시어지지 않는다. 그러므로 "100번 씻고, 하룻밤 물에 담그고, 식도록 둔다"(百洗浸宿放冷)라는 여섯 글자는 술 빚는 비결(양주삼매)이다. 《삼산방三山方》

— 《정조지》 권7, 〈술〉, 술을 빚는 여러 방법, 술의 재료를 손질하는 법[151]

**누룩: 치국법**治麴法　술을 빚는 사람은 먼저 누룩을 밤알 크기로 부수어 3일 동안 햇볕에 말리고 밤에는 이슬을 맞혀 그 나쁜 기운(艾氣)을 없앤다.

묵은 독은 3일 동안 물에 담갔다가 깨끗이 씻은 뒤 짚 태운 연기에 훈증하여 쓴다. 술 빚을 때는 잡인, 임신부, 상중인 사람, 승려를 가장 멀리한다. 《삼산방》

— 《정조지》 권7, 〈술〉, 술을 빚는 여러 방법, 누룩 손질하는 법[152]

**물: 택수법**擇水法　일반적으로 술을 빚을 때는 단 샘물이어야 한다. 만약 물이 좋지 않으면 술도 맛이 좋지 않다. 《증보산림경제》

청명이나 곡우에 길은 물로 술을 빚으면 빛깔이 검푸르며 맛이 독하여 오래 저장할 수 있다. 또 청명과 곡우에 큰 강의 물을 길어다 술을 빚으면 빛깔이 검푸르고 맛이 특별하다. 대개 절기의 기운을 얻은 것이다. 《동의보감》

— 《정조지》 권7, 〈술〉, 술을 빚는 여러 방법, 물을 가리는 법[153]

---

151) 【治酒材法】(案)酒材,卽秫稻等釀酒之米是也.]凡酒米,淨洗爲貴,故古方皆以百洗爲度.苟不淨洗,則味惡而色濁也.造酒飯,須水浸經宿,然後易爛.又須放冷入甕,然後不酸,故'百洗,浸宿,放冷'六字,卽釀酒三昧也.《三山方》
152) 【治麴法】造酒者,先期碎麴如栗子大,曝曬三日,夜承露氣,去其艾氣.
　　用熟甕浸水三日,淨洗,薰以藁烟,用之.最忌雜人孕婦孝子僧髡《三山方》
153) 【擇水法】凡造酒,要甘泉水.若水不佳,則酒亦不美《增補山林經齊》
　　淸明水穀雨水造酒,則色紺味烈,可儲久.又淸明穀雨,取長江水造酒,則色紺味別.蓋取時候之氣.《東醫寶鑑》

## 1. 부의주

**부의주**浮蟻酒 찹쌀 10승으로 지에밥을 지은 뒤 그릇에 담아 식힌다. 물 3병을 팔팔 끓여 식힌다. 누룩가루 1승을 먼저 물에 타고 이를 다시 지에밥과 고루 섞어 독에 넣는다. 3일 밤을 묵어야 익는다. 술을 맑게 가라앉힌 후에 주배酒醅(거르지 않은 술의 밥알)를 조금 떠워 쓴다. 그 모양이 마치 개미 알이 떠다니는 것(浮蟻)과 같다. 이 술은 맛이 달고 독하여 여름날에 딱 맞다.[《산림경제보山林經濟補》에 "누룩가루를 하루 먼저 물에 담갔다가 체로 쳐서 쓰면 맛이 빼어나다"라고 했다.]《고사촬요攷事撮要》

— 《정조지》 권7,〈술〉, 이류, 부의주[154]

## 2. 소주

**소주**燒酒 일명 '화주火酒'이고, '아랄길주阿剌吉酒'이다. 소주는 오래된 조주법이 아니다. 원나라 때부터 처음 그 조주법이 만들어졌다. 진한 술을 술지게미와 섞고 시루에 얹은 뒤 쪄서 김이 올라오게 했다가 떨어지는 소주를 그릇에 받는다.

일반적으로 시어서 상한 술은 모두 증류하여 소주를 골 수 있다. 근래에는 오직 찹쌀이나 멥쌀, 기장이나 찰기장(고량)이나 보리를 푹 찐 다음, 누룩과 섞어 빚은 뒤 독에 7일간 두었다가 시루에 쪄서 소주를 취한다. 그 맑기가 물과 같고 맛은 매우 진하고 독하니, 대개 술의 정화(露, 이슬)이다.《본초강목》

— 《정조지》 권7,〈술〉, 소로류(소주), 소주총방[155]

---

154) 【浮蟻酒方】粘米一斗,烝飯,盛器冷之,水三瓶,沸湯冷之.以麴末一升先調於水,更與飯拌勻,入甕,經三宿乃熟,澄淸後,以酒醅少許浮而用之,其形如浮蟻,味甘而烈,正合於夏日.[山林經濟補:"麴末先一日浸水,篩下用之,妙".《攷事撮要》

155)【燒酒總方】一名火酒,一名阿剌吉酒.燒酒,非古法也.自元時始創其法,用濃酒和糟入甑,烝令氣上,用器承取滴露.
凡酸壞之酒,皆可烝燒.近時惟以糯米或粳米,或黍或秫或大麥烝熟,和麴釀,甕中七日,以甑烝取.其淸如水,味極濃烈,蓋酒露也.《本草綱目》

## 3. 안주

**음저**飮儲 몸속에서 술을 내려주는 음식을 '음저'라고 한다.

① 청품淸品(맑은 종류): 선합鮮蛤, 조감糟蚶156), 주해酒蟹157)와 같은 종류. ② 이품異品(색다른 종류): 웅백熊白158), 서시유西施乳159)와 같은 종류. ③ 이품膩品(기름진 종류): 새끼양구이, 거위새끼구이와 같은 종류. ④ 과품果品(과일 종류): 잣, 행인杏仁과 같은 종류. ⑤ 소품蔬品(채소 종류): 신선한 죽순, 햇부추와 같은 종류. 그러나 시골의 가난한 선비가 어디서 이러한 안주들을 마련하겠는가? 다만 질동이에 푸성귀만 갖추더라도 어찌 그 높은 경지를 손상시키겠는가?《상정觴政》160)

— 《정조지》 권7, 〈술〉, 술 마시는 방법, 안주161)

---

156) 조감: 술지게미에 담근 조개.
157) 주해: 술에 담근 게.
158) 웅백: 웅지熊脂. 곰의 비게.
159) 서시유: 복어 수컷의 이리.
160) 상정: 명나라 말기의 원굉도袁宏道(1568~1610)가 지은 술에 관련한 글로 16칙으로 구성.
161) 【論飮儲】下酒物色,謂之"飮儲." 一淸品: 如鮮蛤·糟蚶·酒蟹之類. 二異品: 如熊白·西施乳之類. 三膩品: 如羔羊·子鵞炙之類. 四果品: 如松子·杏仁之類. 五蔬品: 如鮮筍·早韭之類. 然下邑貧士,安從辦此?政使瓦盆蔬具,亦何損其高致也?《觴政》

장인과 함께 만든 전통 채식 밥상
# 우리 그릇과 천

풍석 서유구 선생의 단아하고 기품 있는 전통 채식 밥상을 위해 여러 장인들의 작품이 함께했습니다. 풍석 선생의 음식처럼 은은한 멋과 기운이 담긴 작품들은 자연과 사람의 조화로움을 드러내며 더욱 생명력 넘치는 밥상을 완성해 주었습니다.

**옹기**_이현배  옹기는 밥을 담아온 오목아리에서부터 똥을 담아온 합수독아지까지 한반도 사람들이 밥 먹고 똥 싸는 등의 '산다는 것'과, 세상에 태어날 때 태항아리, 죽어서는 옹관 등 한반도 사람들의 나고 죽는, 그야말로 처음과 마지막까지 모든 것을 담아왔습니다. 그렇게 우리 도·자문화의 원형을 오늘까지 유일하게 이어왔다 할 옹기

와 더불어, 옹기장이의 '몸의 기억' '행위 전승'은 '또 하나의 원본'으로 '행동고고학'이라 할 수 있습니다. 이현배 손내옹기장은 상고 시대부터 이 땅의 사람들과 함께해 온 옹기를 전통의 관점으로 해석하여 현대의 일상에 들여놓는 일을 해왔습니다. 가장 전통적이기에 가장 현대적인 옹기를 만들고 있다고 할 수 있습니다. 스스로를 두고 "농사꾼 못 되고 옹기장이가 되었다"고 하는 그는 농촌과 농업이 가지고 있는 숨은 가치에 늘 주목하고 있습니다. 사람들이 살아온 삶의 방식이나 문화에 대한 깊은 믿음을 바탕으로 열네 번의 초대전, 개인전과 다수의 문화 교육을 진행했습니다. 저서로 《흙으로 빚는 자유》가 있습니다.

**청화백자**_이세용  대학과 대학원에서 도자기를 전공하였으나 본래 회화에 관심이 많았던 이세용 작가는 도자기에 자연과 현대 사회와 자신의 이야기를 청화로 위트 있게 그려내어 도예계는 물론 도자기 애호가들에게 많은 관심을 받아왔습니다. 또한 십수 년간 한국세라믹기술원에서 책임연구원으로 재직하며 개발하고 체득한 도자 재료에 대한 풍부한 지식을 이용해 다양한 도자 작업을 하고 있습니다. 최근에는 따듯하고 감성적인 백자 작업으로 다양한 식기들을 선보이고 있어 셰프나 요리 연구가들의 사랑을 받고 있습니다.

**막사발_**신동여 "이른 새벽 작업실 문을 열면 흩어진 도구와 흙들이 마치 내 뼈와 살 같습니다. 그것들을 불러 모아 그릇을 빚고 하루 종일 매만지다 보면 그릇이 나인지 내가 그릇인지 알 수 없습니다. 그릇과 음식은 한 몸입니다. 정성이 들어간 음식을 마음으로 만든 그릇에 담고 가만히 바라보면, 하늘과 땅이 보이고 가족이 보입니다." 신동여 작가는 이러한 마음을 담아 열아홉 차례의 개인전과 다수의 단체전을 진행했습니다.

**놋그릇_** 놋이 놋이는 대한민국 경상남도 무형문화재 제14호 징장 이용구 선생님과 막내아들인 이경동 전수자가 함께 운영하고 있는, 전통과 기술, 장인 정신이 담겨 있는

놋그릇 브랜드입니다. 놋이는 단순히 오래되었다는 이유만으로 그 가치를 제대로 주목받지 못한 놋그릇의 진정한 가치를 사람들에게 알려야겠다고 생각했습니다. 놋그릇은 건강한 그릇이라고도 불립니다. 따뜻한 것이 담기면 따뜻함을 지켜주고, 시원한 것이 담기면 시원함을 지켜줍니다. 음식의 온기와 냉기를 지켜 만든 사람의 정성이 온전히 전해지게 됩니다. 한 세대로 끝나는 것이 아니라 삶과 이야기를 담아 후대에 물려줄 수 있는 그릇입니다.

**천연 염색**_홍젬마 "1996년 8월 성파스님은 서운암 법당 마루에 당신께서 오랫동안 작업한 천연 염색 작품들을 펼쳐놓았습니다. 그 빛깔의 아름다움에 전 그만 하염없이 눈물을 흘렸습니다. 첫 만남의 감동 때문일까요, 내게 천연 염색 작업은 고된 노동이 아닌 즐거운 놀이였습니다. 천연 염색은 내 인생 후반기의 선물입니다. 자연을 가까이 두고 단순한 노동에 정성을 담아 만든 염색물을 누군가에게 선물할 수 있기에 인생에서 풍요로움을 느낄 수 있었습니다. 쪽을 키우면서 공기와 흙, 햇빛과 비의 고마움을 알게 되었고, 계절의 변화를 몸 속 깊이 참으로 느끼는 법을 알게 되었습니다. 이러한 계절의 변화를 내 인생에서 몇 번이나 더 볼 수 있을까요? 한 해 한 해 더 즐기는 법을 알아갈 것입니다. 천연 염색은 자연이 준 선물에 인간의 정성을 더해 만들어낸 자연의 조각입니다."

샨티의 뿌리회원이 되어
'몸과 마음과 영혼의 평화를 위한 책'을 만들고 나누는 데
함께해 주신 분들께 깊이 감사드립니다.

### 개인

이슬, 이원태, 최은숙, 노을이, 김인식, 은비, 여랑, 윤석희, 하성주, 김명중, 산나무, 일부, 박은미, 정진용, 최미희, 최종규, 박태웅, 송숙희, 황안나, 최경실, 유재원, 홍윤경, 서화범, 이주영, 오수익, 문경보, 여희숙, 조성환, 김영란, 풀꽃, 백수영, 황지숙, 박재신, 염진섭, 이현주, 이재길, 이춘복, 장완, 한명숙, 이세훈, 이종기, 현재연, 문소영, 유귀자, 윤홍용, 김종휘, 보리, 문수경, 전장호, 이진, 최애영, 김진회, 백예인, 이강선, 박진규, 이욱현, 최훈동, 이상운, 김진선, 심재한, 안필현, 육성철, 신용우, 곽지희, 전수영, 기숙희, 김명철, 장미정, 정정희, 변승식, 주중식, 이삼기, 홍성관, 이동현, 김혜영, 김진이, 추경희, 해다운, 서곤, 강서진, 이조완, 조영희, 이다겸, 이미경, 김우, 조금자, 김승한, 주승동, 김옥남, 다사, 이영희, 이기주, 오선희, 김아름, 명혜진, 장애리, 신우정, 제갈윤혜, 최정순, 문선희

### 단체/기업

이메일로 이름과 전화번호, 주소를 보내주시면 샨티의 신간과 각종 행사 안내를 이메일로 받아보실 수 있습니다.

전화 : 02-3143-6360  팩스 : 02-6455-6367
이메일 : shantibooks@naver.com